BERUFLICHE WEITERBILDUNG LEHRBÜCHER

Industriefachwirt – Das prüfungsrelevante Wissen
Teil 2

von Dr. Thomas Padberg

Sarastro

ISBN 978-3-941902-75-6 2. Auflage
© Sarastro GmbH, Paderborn, 2010
Alle Rechte vorbehalten. Das Werk und seine Teile sind urheberrechtlich geschützt. Jede Nutzung in anderen als den gesetzlich zugelassenen Fällen bedarf der vorherigen schriftlichen Einwilligung des Verlages. Hinweis zu § 52a UrhG: Weder das Werk noch seine Teile dürfen ohne eine solche Einwilligung eingescannt und in ein Netzwerk eingestellt werden. Dies gilt auch für Intranets von Schulen und sonstigen Bildungseinrichtungen.

Vorwort

Das vorliegende Lehr- und Arbeitsbuch dient dem Einsatz in der Erwachsenenbildung. Es bereitet Kursteilnehmer in allen Lehrgängen, die auf den Industriefachwirt vorbereiten, auf die wirtschaftsbezogenen Qualifikationen vor.

Inhaltlich besteht das Werk aus vier Teilen:

1. Volks- und Betriebswirtschaft
2. Rechnungswesen
3. Recht und Steuern
4. Unternehmensführung

Es ist nicht das Ziel, die gesamte Theorie zu diesen Teilen abzubilden, sondern sich auf die Teile zu konzentrieren, die wirklich prüfungsrelevant sind. In Anlehnung an bisherige Prüfungen wurden deshalb die Teile stärker betrachtet, die in Prüfungen häufiger abgeprüft wurden. Deshalb wird man zu manchem Kapitel Inhalte vielleicht vermissen. Dies ist aber bewusst so vorgenommen worden, um das Unwesentliche aus dem Buch herauszustreichen.

Dieses Buch enthält Aufgaben und Lösungen zu den genannten Teilen. Die Theorie wird in Band 1 erläutert, das in dieser Reihe erschienen ist.

Für konstruktive Kritik und Anregungen sind der Verfasser und der Verlag stets dankbar. Bitte schreiben Sie uns an: tpadberg@trapeza.de

Paderborn, im November 2010

Thomas Padberg

Inhaltsverzeichnis

Vorwort 3
1 Aufgaben zur Volks- und Betriebswirtschaft 7
Lösungen zu Volks- und Betriebswirtschaft 13
2 Aufgaben zu Rechnungswesen 27
Lösungen zu Rechnungswesen 79
3 Aufgaben zu Recht und Steuern 149
Lösungen zu Recht und Steuern 157
4 Aufgaben zur Unternehmensführung 173
Lösungen zur Unternehmensführung 205

1 Aufgaben zur Volks- und Betriebswirtschaft

Aufgabe 1
Wie reagiert der Preis auf Veränderungen des Angebotes und der Nachfrage und umgekehrt?

Aufgabe 2
Wovon hängt der Preis für ein Gut ab?

Aufgabe 3
Wodurch kann sich die Nachfrage nach einem Gut verändern?

Aufgabe 4
Was ist ein „Bedürfnis" und wie lässt es sich unterteilen?

Aufgabe 5
Wodurch verändert sich das Angebot für ein Gut?

Aufgabe 6
Wie erfolgt die Preisbildung auf unvollkommenen Märkten?

Aufgabe 7
Was sind die wesentlichen Instrumente des Staates gegen Wettbewerbsbeschränkungen?

Aufgabe 8
Was ist ein Kartell?

Aufgabe 9
Wann liegt eine marktbeherrschende Stellung vor?

Aufgabe 10
Wann ist eine Fusion kontrollpflichtig?

Aufgabe 11
Nennen Sie Maßnahmen des Staates zum Eingriff in die Preisbildung und Beispiele dafür!

Aufgabe 12
Was ist das Bruttoinlandsprodukt?

Aufgabe 13
Was ist das Bruttonationaleinkommen?

Aufgabe 14
Wie ist der rechnerische Zusammenhang zwischen Bruttoinlandsprodukt und Bruttonationaleinkommen?

Aufgabe 15
Was bedeutet personelle und funktionale Einkommensverteilung?

Aufgabe 16
Was bedeutet primäre und sekundäre Einkommensverteilung?

Aufgabe 17
Nennen Sie die volkswirtschaftlichen Produktionsfaktoren!

Aufgabe 18
Nennen Sie die betriebswirtschaftlichen Produktionsfaktoren!

Aufgabe 19
Welche Einkommensarten werden im Rahmen der Einkommensverteilung unterschieden?

Aufgabe 20
Wie ergibt sich das Nettoeinkommen aus Unternehmertätigkeit?

Aufgabe 21
Wie ergibt sich die Nettolohn- und Gehaltssumme aus unselbstständiger Tätigkeit?

Aufgabe 22
Was ist die Lohnquote?

Aufgabe 23
Was ist die Gewinnquote?

Aufgabe 24
Welcher Zusammenhang besteht zwischen Lohn- und Gewinnquote?

Aufgabe 25
Wodurch verschieben sich Lohn- und Gewinnquote?

Aufgabe 26
Was ist der Unterschied zwischen Arbeitslohn und Arbeitskosten?

Aufgabe 27
Worin besteht der Unterschied zwischen Nominal- und Reallohn?

Aufgabe 28
Welche Wirtschaftszyklen treten in einer Konjunktur auf?

Aufgabe 29
Über welche Instrumente versucht der Staat, das Wirtschaftswachstum zu verstetigen?

Aufgabe 30
Wie reagiert der Staat in einer Rezession mit der Stabilitätspolitik?

Aufgabe 31
Aus welchen Teilgebieten besteht die Wirtschaftspolitik?

Aufgabe 32
Welche Aufgabe hat die Ordnungspolitik?

Aufgabe 33
Welche Aufgabe hat die Prozesspolitik?

Aufgabe 34
Welche Aufgabe hat die Strukturpolitik?

Aufgabe 35
Wie lassen sich Handelshemmnisse unterteilen?

Aufgabe 36
Welche Voraussetzungen müssen für die Teilnahme an der Europäischen Wirtschafts- und Währungsunion erfüllt sein?

Aufgabe 37
Welche Hauptfunktionen in einem Unternehmen werden unterschieden?

Aufgabe 38
Erläutern Sie kurz die Hauptfunktionen in einem Unternehmen!

Aufgabe 39
Welche Voraussetzungen müssen für eine Existenzgründung erfüllt sein?

Aufgabe 40
Welche Inhalte hat ein Businessplan?

Aufgabe 41
Welche Voraussetzungen muss eine Personenhandelsgesellschaft erfüllen?

Aufgabe 42
Welche Rechtsformen lassen sich bei Personengesellschaften unterscheiden?

Aufgabe 43
Welche Rechtsformen lassen sich bei Kapitalgesellschaften unterscheiden?

Aufgabe 44
Beschreiben Sie die wesentlichen Elemente einer GbR!

Aufgabe 45
Beschreiben Sie die wesentlichen Elemente einer OHG!

Aufgabe 46
Beschreiben Sie die wesentlichen Elemente einer KG!

Aufgabe 47
Beschreiben Sie die wesentlichen Elemente einer AG!

Aufgabe 48
Beschreiben Sie die wesentlichen Elemente einer GmbH!

Aufgabe 49
Beschreiben Sie die wesentlichen Elemente einer KGaA!

Aufgabe 50
Beschreiben Sie die wesentlichen Elemente einer GmbH & Co. KG!

Aufgabe 51
Nennen Sie Ziele von Unternehmenszusammenschlüssen!

Aufgabe 52
Worin unterscheiden sich vertikale und horizontale Zusammenschlüsse?

Lösungen zu Volks- und Betriebswirtschaft

Aufgabe 1

Der Preis bildet sich am Markt durch den Einfluss von Angebot und Nachfrage. Umgekehrt werden Angebot und Nachfrage durch den Preis beeinflusst. Bei hohem Preis steigt das Angebot, sinkt aber die Nachfrage, bei niedrigem Preis ist es umgekehrt. Durch diesen Einfluss bildet sich ein „optimaler Preis". Die Nachfrage hängt invers vom Preis ab, d. h. mit steigendem Preis sinkt die Nachfrage.

Aufgabe 2

Der Preis für ein Gut hängt von unterschiedlichen Faktoren ab:
- dem Preis des Gutes
- dem Preis konkurrierender Güter,
- den Bedürfnissen der Nachfrager,
- dem Einkommen der Nachfrager,
- den Ersparnissen der Nachfrager,
- den Kreditmöglichkeiten der Nachfrager

Aufgabe 3

Die Nachfrage nach einem Gut kann sich auch durch andere Dinge verändern:
- die Preise anderer Güter,
- neue technische Produktionsverfahren,
- Veränderung in den Produktionskosten,
- Erwartungsänderungen der Konsumenten

Aufgabe 4

Bedürfnis ist ein Mangelerlebnis, bei dem ein Drang besteht, dass dieses Bedürfnis befriedigt wird. Es lässt sich in drei Arten unterteilen:
1. nach der Dringlichkeit
   a. Existenzbedürfnisse

b. Kulturbedürfnisse
  c. Luxusbedürfnisse
2. nach der Bewusstheit
  a. offene Bedürfnisse
  b. latente Bedürfnisse
3. nach der Art der Befriedigung
  a. Individualbedürfnisse
  b. Kollektivbedürfnisse

Aufgabe 5

Das Angebot verändert sich durch die Veränderung folgender Faktoren:
- der Technik
- der Anbieterzahl
- den Produktionskosten und
- dem Preis anderer Güter

Aufgabe 6

Auf unvollkommenen Märkten lassen sich die Preisbildung auf Monopolmärkten und auf Oligopolmärkten unterscheiden. Auf Monopolmärkten bestimmt der Monopolist den Preis. Der Preis ist nicht von Angebot und Nachfrage abhängig, sondern wird vom Monopolisten in Abhängigkeit von dessen Mengenwunsch festgesetzt. Auf Oligopolmärkten ist die Preisbildung zwar nicht vom Anbieter festsetzbar, aber auch nicht frei am Markt bildbar, da die Anbieter jeweils die Reaktionen der eigenen Konkurrenten in die Überlegungen einbeziehen müssen.

Aufgabe 7

Die wesentlichen Instrumente sind
- Kartellverbote,
- Kontrolle marktbeherrschender Stellung und
- die Fusionskontrolle.

Aufgabe 8

Ein Kartell ist ein zeitlich begrenzter, vertraglich vereinbarter Zusammenschluss rechtlich und wirtschaftlich selbstständig bleibender Unternehmen derselben Branche mit dem Ziel, den Wettbewerb in irgendeiner Form zu verhindern oder einzuschränken.

Aufgabe 9

Eine marktbeherrschende Stellung wird im GWB vermutet, wenn
- ein Unternehmen 1/3 Marktanteil,
- drei Unternehmen 50% Marktanteil oder
- fünf Unternehmen 2/3 Marktanteil

aufweisen.

Aufgabe 10

Fusionen sind nach dem GWB kontrollpflichtig, wenn
- die beteiligten Unternehmen insgesamt weltweite Umsatzerlöse von mehr als 500 Mio. € erzielt haben und

mindestens ein beteiligtes Unternehmen im Inland Umsatzerlöse von mehr als 25 Mio. € erzielt hat.

Aufgabe 11

Der Staat greift durch verschiedene Maßnahmen in die Preisbildung ein. Beispiele hierfür sind:
1. Förderung besonderer Technologien (Solar- und Windenergieprogramme)
2. Förderung strukturschwacher Regionen (Programme für die neuen Bundesländer)
3. Unterstützungszahlungen an bestimmte Branchen (Landwirtschaft, Steinkohle)

Aufgabe 12

Das Bruttoinlandsprodukt misst die Produktion von Waren und Dienstleistungen in einem bestimmten Gebiet – dem Inland –, unabhängig davon, ob diejenigen, die die Waren und Dienstleistungen erstellt haben, In- oder Ausländer sind.

Aufgabe 13
Das Bruttonationaleinkommen misst dagegen die Produktion von Waren und Dienstleistungen der Inländer, unabhängig davon, ob diese im In- oder Ausland produziert werden.

Aufgabe 14
Bruttoinlandsprodukt
- geleistete Faktoreinkommen
+ empfangene Faktoreinkommen
= Bruttonationaleinkommen

Aufgabe 15
Während die personelle Einkommensverteilung die Frage beantwortet, wer – unabhängig aus welcher Quelle – das Einkommen erzielt hat, beantwortet die funktionale Einkommensverteilung die Frage, wodurch das Einkommen erzielt wurde.

Aufgabe 16
Die primäre Einkommensverteilung zeigt an, wie die einzelnen Produktionsfaktoren aufgrund von Marktergebnissen vergütet wurden, während die sekundäre Einkommensverteilung das Einkommen nach Eingriffen durch den Staat anzeigt. Die sekundäre Einkommensverteilung entsteht beispielsweise durch Kindergeldzahlungen, Zahlung von Wohngeld, BAföG usw.

Aufgabe 17
Die volkswirtschaftlichen Produktionsfaktoren sind:
- Arbeit
- Boden
- Kapital

Aufgabe 18
Die betriebswirtschaftlichen Produktionsfaktoren sind:
- Arbeitskraft

- der dispositive Faktor, d. h. Planung, Organisation und Kontrolle
- die Betriebsmittel (Gebäude, Maschinen)
- Bildung
- Information

Aufgabe 19

Im Rahmen der Einkommensverteilung werden vier Einkommensarten unterschieden:
- das Arbeitseinkommen entspricht dem Einkommen aus Lohn und Gehalt der unselbstständig Tätigen,
- das Unternehmereinkommen,
- das Kapitaleinkommen (Zinsen auf den Kapitaleinsatz) sowie
- das Bodeneinkommen (Einkommen aus dem Produktionsfaktor Boden)

Aufgabe 20

Das Nettoeinkommen aus Unternehmertätigkeit ergibt sich, wenn vom Bruttoeinkommen aus Unternehmertätigkeit und Vermögen die öffentlichen Abgaben (insbesondere direkte Steuern) auf Einkommen aus Unternehmertätigkeit und Vermögen abgezogen werden und die sonstigen Zu- und Absetzungen korrigiert werden.

Aufgabe 21

Die Nettolohn- und Gehaltssumme aus unselbstständiger Tätigkeit ergibt sich, wenn vom Bruttoeinkommen aus unselbstständiger Tätigkeit die tatsächlichen und unterstellten Sozialbeiträge der Arbeitgeber abgezogen werden. Von diesem Wert – der Bruttolohn- und Gehaltssumme – werden die Lohnsteuer und die tatsächlichen Sozialbeiträge der Arbeitnehmer abgezogen.

Aufgabe 22

Die Lohnquote stellt das Verhältnis von Bruttoeinkommen aus unselbstständiger Tätigkeit zum Volkseinkommen dar.

Aufgabe 23

Die Gewinnquote stellt das Verhältnis von Ergebnis aus Unternehmertätigkeit und Vermögen zum Volkseinkommen dar.

Aufgabe 24

Beide Quoten ergeben addiert immer 100%. Eine Erhöhung der Lohnquote bedeutet damit immer eine Absendung der Gewinnquote und umgekehrt.

Aufgabe 25

Eine Verschiebung des Verhältnisses zwischen Lohn- und Gewinnquote kann unterschiedliche Gründe haben. Hierzu zählen u. a.:

- der Anteil der Unternehmer verändert sich, so dass die Gewinnquote sich mit verändert;
- die Zahl der Arbeitsstunden der Unternehmer verändert sich mit entsprechenden Auswirkungen auf die Gewinnquote. Da Arbeitsstunden des Unternehmers nicht in die Lohnquote eingehen, verzerrt dieser Sachverhalt die beiden Quoten.

Aufgabe 26

Zu unterscheiden sind der Arbeitslohn, den der Mitarbeiter erhält, und die Arbeitskosten, die das Unternehmen zahlt. In den letzten Jahren sind beispielsweise die Arbeitskosten stetig gestiegen, der Arbeitslohn ist aber relativ konstant geblieben. Letzteres lag an den moderaten tariflichen Lohnsteigerungen, ersteres an den steigenden Sozialversicherungsbeiträgen. Dieses Auseinanderlaufen von Arbeitskosten und Arbeitslohn stellt ein Spannungsverhältnis dar, das u. a. den Glauben an die soziale Marktwirtschaft beeinträchtigt.

Aufgabe 27

Im Rahmen des Arbeitslohns ist die Differenzierung zwischen Real- und Nominallohn zu berücksichtigen. Da die Inflation einen Teil der Lohnsteigerungen quasi automatisch auffrisst, bleibt inflationsbereinigt nur ein Teil der Lohnsteigerungen übrig. Den absoluten Lohn bezeichnet man als Nominallohn, den inflationsbereinigten Lohn als Reallohn.

Aufgabe 28
Konjunktur wird als Oberbegriff für die verschiedenen Konjunkturphasen genutzt, die in einem Wirtschaftszyklus auftreten:
1. Auf eine Depression
2. folgt der Aufschwung,
3. der von der Hochkonjunktur abgelöst wird.
4. Diese mündet in die Rezession,
5. die wieder zu einer Depression führt.

Aufgabe 29
Ziel der Stabilitätspolitik ist es, das Wirtschaftswachstum zu verstetigen. Dies wird von Staatsseite durch eine Anpassung von
- Investitionen,
- Verbrauch,
- Exporten,
- Importen,
- Staatseinnahmen und
- Staatsausgaben
betrieben.

Aufgabe 30
In einer Rezession werden idealtypisch beispielsweise die Staatsausgaben drastisch erhöht.

Aufgabe 31
Die Wirtschaftspolitik lässt sich generell in drei Bereiche unterteilen:
1. Ordnungspolitik
2. Prozesspolitik
3. Strukturpolitik

Aufgabe 32
Zu der Ordnungspolitik werden alle Maßnahmen gezählt, die die langfristigen Rahmenbedingungen der Wirtschaft beeinflussen.

Aufgabe 33
Die Prozesspolitik beeinflusst hingegen bei gegebenen Rahmenbedingungen die Prozesse.

Aufgabe 34
Die Strukturpolitik hat das Ziel, die strukturelle Zusammensetzung der Volkswirtschaft insgesamt zu beeinflussen.

Aufgabe 35
Handelshemmnisse dienen dem Zweck, die eigene Industrie vor Fremdprodukten zu schützen. Sie lassen sich in

- - tarifäre Handelshemmnisse („tariff barriers"), das sind vor allem Zölle, und in
- - nicht-tarifäre Handelshemmnisse („non-tariff barriers"), zu denen u. a. mengenmäßige Beschränkungen, Importverbote, technische Handelshemmnisse wie Normen, Vorschriften über Verpackung, Gesundheits-, Sicherheits- und Umweltstandards sowie freiwillige Exportbeschränkungen zählen,

unterteilen.

Aufgabe 36
Für die Beteiligung an der Wirtschafts- und Währungsunion (EWWU - Europäische Wirtschafts- und Währungsunion) maßgeblich war dabei die Erfüllung der folgenden Konvergenzkriterien:

- staatliche Gesamtverschuldung maximal 60% des Bruttoinlandsproduktes,
- staatliche Neuverschuldung (Haushaltsdefizit) maximal 3% des Bruttoinlandsproduktes,
- Inflationsrate maximal 1,5% über der durchschnittlichen Inflationsrate der drei währungsstabilsten Mitgliedsländer,
- langfristiges Zinsniveau maximal 2% über dem durchschnittlichen Zinsniveau der drei Mitgliedsländer mit der niedrigsten Inflationsrate,
- Währungsstabilität in den letzten zwei Jahren vor der (bzw. vor dem Beitritt zur) Währungsunion.

– Aufgabe 37
In einem Unternehmen werden folgende Hauptfunktionen unterschieden:
- Leitung
- Beschaffung und Logistik
- Produktions- und Fertigungswirtschaft
- Transport und Logistik
- Personalwirtschaft
- Informationswirtschaft
- Absatz
- Finanzwirtschaft
- Forschung und Entwicklung.

– Aufgabe 38
Unter Leitung versteht man das oberste Leitungsorgan eines Unternehmens. Es handelt sich um die Führung des Unternehmens.

Die Beschaffung beschäftigt sich mit dem Einkauf von Werkstoffen und Betriebsmitteln. Dazu gehört auch die Lagerung.

Die Produktion beinhaltet den Kern des Industriebetriebes. Sie beinhaltet die Erstellung von materiellen und immateriellen Gütern und/oder Dienstleistungen. Der Begriff der Fertigung ist enger. Er beinhaltet nur materielle Güter.

Transport und Logistik meint die Funktion des Transportwesens, Güter und Dienstleistungen zu transportieren bzw. der Logistik, einen optimalen Zusammenfluss von Material-, Wert- und Informationsflüssen zu gewährleisten.

Personalwirtschaft ist die Betreuung und Verwaltung des Produktionsfaktors Arbeit.

Informationswirtschaft bedeutet die Optimierung der Informationsgewinnung und verarbeitung im Unternehmen.

Absatz beschreibt die betriebliche Funktion, die produzierten Güter und Dienstleistungen am Markt abzusetzen.

Finanzwirtschaft umfasst die Finanzierung und Investition und umfasst die Kapitalverwendung (Investition) und Kapitalherkunft (Finanzierung). Es geht also um die Frage, wo investiert wird und wo das Kapital dafür herkommt.

Forschung und Entwicklung hat die Aufgabe, bestehende Produkte weiterzuentwickeln und neue Produkte zu „erforschen".

Aufgabe 39

Um eine Existenzgründung vornehmen zu können, müssen verschiedene Voraussetzungen erfüllt sein:
1. der Existenzgründer muss eine Geschäftsidee haben, aus der überhaupt ein Unternehmen entstehen kann;
2. der Existenzgründer muss persönlich in der Lage sein, ein Unternehmen zu führen;
3. der Existenzgründer muss über ausreichend finanzielle Mittel verfügen, um die Anfangsphase des Unternehmens zu finanzieren, bevor ausreichend Rückflüsse entstehen;
4. es sollte ein Businessplan vorliegen, mit dem Geschäftspartner überzeugt werden können. Ansonsten ist es etwa schwierig, Banken von einem Vorhaben zu überzeugen.

Aufgabe 40

Ein Businessplan hat verschiedene Inhalte zu enthalten:
1. Zusammenfassung
2. Geschäftsidee
3. Produktplanung
4. Markt, Konkurrenz
5. Standort
6. Rechtsform
7. Gründerperson/-en
8. Management
9. Mitarbeiter
10. Marketingmaßnahmen
11. Organisation
12. Chancen / Risiken
13. Finanzierung
14. Wirtschaftlichkeitsberechnung

Aufgabe 41

Bei Personenhandelsgesellschaften müssen verschiedene Voraussetzungen erfüllt sein, die sich aus §§ 21 ff. HGB ergeben. Hierzu gehören:

- Jeder Kaufmann ist verpflichtet, seine Firma, den Ort und die inländische Geschäftsanschrift seiner Handelsniederlassung bei dem Gericht, in dessen Bezirk sich die Niederlassung befindet, zur Eintragung in das Handelsregister anzumelden (§ 29 HGB)
- Jede neue Firma muss sich von allen an demselben Ort oder in derselben Gemeinde bereits bestehenden und in das Handelsregister oder in das Genossenschaftsregister eingetragenen Firmen deutlich unterscheiden (§ 30 Abs. 1 HGB).
- unter bestimmten Bedingungen kann die bisherige Firma bei veränderten Verhältnissen fortgeführt werden (§§ 21, 22, 24 HGB).
- der Kaufmann darf für ein Handelsgewerbe nur eine Firma führen; zulässig sind nur Zweigniederlassungen.

Aufgabe 42

a. Offene Handelsgesellschaften

b. Stille Gesellschaft

c. Kommanditgesellschaft

d. Gesellschaft bürgerlichen Rechts

e. Partnergesellschaft

Aufgabe 43

a. Aktiengesellschaft

b. Gesellschaft mit beschränkter Haftung

c. Kommanditgesellschaft auf Aktien

Aufgabe 44

Die GbR ist nicht voll rechtsfähig, kann aber selbst klagen, verklagt werden, Gesellschafter anderer Gesellschaften werden oder Schecks ausstellen. Für die Gründung einer GbR sind mehrere Personen notwendig. Durch den Gesellschaftsvertrag verpflichten sich die Gesellschafter gegenseitig, die Erreichung eines gemeinsamen Zweckes in der durch den Vertrag bestimmten Weise zu fördern, insbesondere die vereinbarten Beiträge zu leisten (§ 705 BGB). Das Gesellschaftsvermögen wird durch die Beiträge der Gesellschafter und die laufende Geschäftstätigkeit erbracht (§ 718 BGB).Das Gesellschaftsvermögen ist gesamthänderisch gebunden (§ 719 BGB). Der einzelne Gesellschafter kann weder über seinen Anteil verfügen noch die Teilung des Vermögens verlangen. Wenn im Gesellschaftsvertrag nichts anderes vereinbart ist, wird der Gewinn nach Köpfen verteilt (§ 722 BGB).

Aufgabe 45

Die Offene Handelsgesellschaft ist eine Gesellschaft, deren Zweck auf den Betrieb eines Handelsgewerbes unter gemeinschaftlicher Firma gerichtet ist, wenn bei keinem der Gesellschafter die Haftung gegenüber den Gesellschaftsgläubigern beschränkt ist. (§ 105 HGB). Sie ist nicht voll rechtsfähig, kann aber selbst klagen, verklagt werden, Gesellschafter anderer Gesellschaften werden oder Schecks ausstellen. Sie kann auch Grundstücke in eigenem Namen erwerben (§ 124 HGB).

Die Gründung ist formfrei (wie bei der GbR, § 105 Abs. 3 HGB), muss aber auf den Betrieb eines Handelsgewerbes unter gemeinschaftlicher Firma ausgerichtet sein und ins Handelsregister eingetragen sein (§ 106 HGB).

Die Gesellschafter haften für die Verbindlichkeiten der Gesellschaft den Gläubigern als Gesamtschuldner persönlich (§ 128 HGB). Neue Gesellschafter haften für alle Verbindlichkeiten, die 5 Jahre vor ihrem Eintritt in die Gesellschaft entstanden sind, die Haftung verjährt fünf Jahre nach Auflösung der Gesellschaft. Wenn im Gesellschaftsvertrag nichts anderes vereinbart ist, gilt eine Verteilung nach Köpfen (§ 722 BGB); vorab erhält jeder Gesellschafter bis zu 4% seiner Kapitalanteile als Gewinnausschüttung.

Aufgabe 46

Die Kommanditgesellschaft ist wie die OHG eine Handelsgesellschaft. Teilweise haften die Gesellschafter unbeschränkt (Komplementäre), teilweise beschränkt (Kommanditisten). Der Komplementär haftet persönlich und unmittelbar für die Schulden der KG, hat aber die gleichen Rechte wie der Gesellschafter einer OHG. Der Kommanditist haftet dagegen nur mit seiner Einlage, ist aber von der Geschäftsführung ausgeschlossen. Wenn im Gesellschaftsvertrag nichts anderes vereinbart ist, gilt eine Verteilung nach Köpfen (§ 722 BGB); vorab erhält jeder Gesellschafter bis zu 4% seiner Kapitalanteile als Gewinnausschüttung.

Aufgabe 47

Die Aktiengesellschaft ist eine Kapitalgesellschaft mit eigener Rechtspersönlichkeit, d. h. sie ist eine juristische Person. Für die Verbindlichkeiten haftet nur das Gesellschaftsvermögen, das Grundkapital ist in Aktien aufgeteilt. Der Mindestnennbetrag des Grundkapitals beträgt 50.000 €, wobei der Mindestnennwert pro Aktie 1 € beträgt.

Die Aktiengesellschaft hat drei Organe:

- die Hauptversammlung ist die Vertretung der Kapitaleigner
- der Aufsichtsrat wird von der Hauptversammlung bestimmt und hat Überwachungsaufgaben
- der Vorstand führt die Geschäfte

Aufgabe 48

Die Kommanditgesellschaft auf Aktien ist eine spezielle Kommanditgesellschaft, bei der das Kommanditkapital in Aktien unterteilt ist. Diese Rechtsform hat den Vorteil, dass Kapital über die Börse beschafft werden kann. Wird die Rechtsform auf GmbH & Co. KGaA ausgeweitet, ist die Haftung komplett auf das Gesellschaftsvermögen beschränkt, so dass keine persönliche Haftung besteht. Die Geschäftsführungsbefugnis liegt in diesem Fall automatisch durch den bzw. die Geschäftsführer der GmbH. Die Aktionäre (Kommanditisten) haben kein Mitspracherecht in der Geschäftsführung.

Aufgabe 49

Die Gesellschaft mit beschränkter Haftung ist eine juristische Person, bei der die Gesellschafter nur mit ihren Einlagen auf das Stammkapital haften. Sie kann durch eine einzelne Person gegründet werden, wobei das Stammkapital mindestens 25.000 € betragen muss. Organe sind die Geschäftsführer und die Gesellschafterversammlung als Vertretung der Gesellschafter. Bei großen Gesellschaften kann zusätzlich die Mitbestimmung greifen (Aufsichtsrat bei mehr als 500 Arbeitnehmern).

Aufgabe 50

Die GmbH & Co. Co KG ist eine Mischform, bei der die Vorteile der KG mit denen der GmbH verbunden werden. Komplementär ist bei dieser Mischform die GmbH, so dass alle Beteiligten beschränkt haften. Gleichzeitig bleibt es aber eine KG, so dass etwa die steuerlichen Vorschriften für Personengesellschaften gelten.

Aufgabe 51
Ziele solcher Zusammenschlüsse sind beispielsweise:
- Erweiterung des Absatzmarktes
- gemeinsame Nutzung von Vertriebsorganisationen
- größere Einkaufsmacht

usw.

Aufgabe 52
Bei horizontalen Zusammenschlüssen erfolgt der Zusammenschluss auf der gleichen Produktions- bzw. Handelsstufe. Bei vertikalen Zusammenschlüssen schließen sich hingegen Unternehmen aufeinanderfolgender Produktions- bzw. Handelsstufen zusammen.

2 Aufgaben zu Rechnungswesen

Aufgabe 1

I.
Welche der folgenden Aussagen ist/sind richtig?

A	Zweckaufwand und Grundkosten sind immer gleich hoch.	
B	Der Bilanzgewinn ist immer höher als das Betriebsergebnis.	
C	Bilanzgewinn und Betriebsergebnis sind immer gleich hoch.	
D	Umsatz und Ertrag sind immer gleich hoch.	
E	Umsatz und Leistungen sind immer gleich hoch.	

II.
Markieren Sie die richtigen Aussagen:

A	Die Begriffe Bilanzgewinn und Betriebsergebnis sind identisch.	
B	Zweckaufwand und Grundkosten sind immer gleich hoch.	
C	Anderskosten sind betriebsfremd.	
D	Zusatzkosten sind periodenfremd.	
E	Neutrale Aufwendungen sind betriebs- oder periodenfremd oder außerordentlich.	

Aufgabe 2

Welches Kriterium zur Einteilung von Kostenarten berücksichtigt unmittelbar das Verursachungsprinzip? Einteilung der Kostenarten nach:

A	Art der verbrauchten Produktionsfaktoren?	
B	der Herkunft?	
C	betrieblichen Entstehungsbereichen?	
D	der Art des Verhaltens bei Variation einer Kosteneinflussgröße?	
E	Zurechenbarkeit?	

Aufgabe 3

In einem Unternehmen sind folgende Vorgänge aufgezeichnet worden:

Am 3.06. treffen Rohstoffe (Holz) von einem Lieferanten für 400 € ein. 200 € sind bereits am 1.05. angezahlt worden, der Rest wird am 2.07. bezahlt.

Am 10.07. werden aus dem Holz zwei Tische in der Fertigungsabteilung hergestellt. Dabei fallen neben den Materialkosten Lohnkosten in Höhe von 200 € und sonstige Kosten (Hilfsmaterial, Energiekosten) in Höhe von 50 € an. Das verwendete Hilfsmaterial wurde am 5.07. gekauft, angeliefert und bar bezahlt. Löhne und Stromrechnung werden am 28.07. durch Banküberweisung beglichen.

Am 25.07. und am 4.08. werden die beiden Tische für je 500 € verkauft. Der eine Kunde zahlt am 9.08. und der andere begleicht seine Rechnung am 2.09.

Ermitteln Sie die Höhe der Auszahlungen, Ausgaben, Aufwendungen, Kosten, Einzahlungen, Einnahmen, Erträge und Leistungen.

(Abrechnungsperiode: 1 Monat)

	Mai	Juni	Juli	August	September
Auszahlung Ausgabe Aufwand Kosten					
Einzahlung Einnahme Ertrag Leistung					

Aufgabe 4

Ein Unternehmen spendet regelmäßig Geld an eine Partei. Es handelt sich um:

A	Zweckaufwand, weil in der Regel mit dieser Spende ein politischer Zweck verfolgt wird?	
B	außerordentlichen Aufwand, weil nur selten eine Spende erfolgt?	

C	kalkulatorische Kosten, weil Unternehmen Spenden in ihre Preise einkalkulieren?
D	betriebsfremden Aufwand, weil keine Beziehung zur Leistungserstellung gegeben ist?
E	Zusatzkosten, da diese Kosten zusätzlich anfallen?

Aufgabe 5

Die schweizerische Firma KWATCH AG stellt kleine Plastikuhren her. Im Laufe der Zeit sind die nachstehenden Geschäftsvorfälle zu beobachten. Bitte beurteilen Sie die folgenden Teilaufgaben einzeln anhand der untenstehenden Tabelle.

1. Am 02.12.1991 werden bei einem Zulieferer 1 Million Batterien bestellt.
2. Ein freiberuflicher Designer hat ein neues Uhrenmodell entworfen, das im nächsten Jahr produziert werden soll. Er liefert am 05.12.1991 die Zeichnungen dafür ab und wird sofort mit einem Scheck bezahlt.
3. Im Laufe des Monats Dezember werden 1 Million Uhren produziert. Sie müssen auf Lager genommen werden, da die Batterien noch fehlen.
4. Die bestellten Batterien werden am 03.01.1992 gegen Rechnung geliefert. Sie werden sofort in die Uhren eingebaut, damit diese endlich (am 05.01.1992) ausgeliefert werden können.
5. Die ausgelieferten Uhren werden von den Händlern am 17.01.1992 bezahlt. An diesem Tag werden auch die Batterien von der Firma KWATCH AG bezahlt.
6. Aus Anlass einer verlorenen Fernsehwette des Vorstandsvorsitzenden werden 100 "Wetten dass..." Sondermodelle hergestellt und an die Fernsehzuschauer verlost.
7. Unglücklicherweise werden 10.000 Stück des ansonsten gut gelungenen Modells "Vaticano" im Januar 1992 reklamiert, weil die Uhren einfach nicht richtig gehen wollen. Entsprechend der Garantiebedingungen erhalten die Kunden umgehend ein anderes Modell vom Lager.
8. Die letzten noch auf Lager befindlichen Exemplare des Modells "Vaticano" können nicht mehr verwertet werden.
9. Im Februar wird die Monatsmiete für eine Lagerhalle bezahlt. Im selben Monat legt der Controller die Kosten- und Leistungsrechnung für

1991 vor, in der er auch Miete für eine andere Lagerhalle angesetzt hat, die Eigentum der KWATCH AG ist.

10. Mittlerweile wurde die Ursache für den "Vaticano"-Schaden gefunden. Die Maschine, die die Uhrwerke zusammengefügt hat, hat einen irreparablen Fehler. Das ist besonders ärgerlich, weil noch 2 Jahre Nutzungsdauer kalkuliert waren.

Aufgabe 6

Das Anlagevermögen der Meyer KG setzt sich wie folgt zusammen:

Abschreibungs-jahr		AK (T€)	WBP (T€)	bil. ND	tats. ND
10. Jahr	Gebäude	1.500	1.600	40 Jahre	50 Jahre
3. Jahr	Maschinen	1.740	1.920	8 Jahre	12 Jahre
2. Jahr		800		5 Jahre	
1. Jahr	Fuhrpark	400		10 Jahre	6 Jahre
	BGA				15 Jahre

Es liegen folgende Zusatzangaben vor:
- Gesamtleistungspotential der Maschinen: 100.000 Betriebsstunden.
- Laufzeit der Maschinen in dieser Periode: 10.000 Betriebsstunden.
- Die Preise der Betriebs- und Geschäftsausstattung (BGA) werden im nächsten Jahr schätzungsweise um 4 % steigen.
- Die durchschnittl. jährl. Preissteigerungsrate des Fuhrparks beträgt 5 %.

Berechnen Sie die kalk. Abschreibungen für diese Abrechnungsperiode (ein Jahr). Die Gebäude sind linear, die Maschinen leistungsabhängig, der Fuhrpark linear und die Betriebs- und Geschäftsausstattung linear index-orientiert abzuschreiben.

Aufgabe 7

Die B-GmbH beliefert die A-Automobil AG mit einer Sonderserie Stoßstangen. Hierzu ist ein spezielles Presswerk nötig, welches die B-GmbH selbst erstellt und als selbst erstellte Anlage bilanziert. Bei der Abschreibung für das Presswerk handelt es sich um

A	beschäftigungsvariable Einzelkosten.
B	Sondereinzelkosten der Fertigung.
C	unechte beschäftigungsvariable Gemeinkosten.
D	weder Einzel- noch Gemeinkosten, da Abschreibungen immer Anderskosten sind.
E	es fallen überhaupt keine Kosten an, da die Anlage bilanziert wird.

Aufgabe 8

Eine Maschine wurde am 1.1.1987 beschafft. Sie wird linear auf der Basis des Anschaffungspreises abgeschrieben unter Berücksichtigung periodengerechter Kostenzuordnung. Der Anschaffungspreis beträgt 126.000 €. Sie schätzen, dass die Maschine bis zum 31.12.1996 genutzt wird (Restwert von Null).

Am 1.1.1993 stellen Sie fest, dass Sie sich mit der Nutzungsdauer verschätzt haben und die Nutzung nur bis zum 31.12.1994 erfolgen kann.

a) Wie viel muss für kalkulatorische Abschreibungen im Jahr 1993 angesetzt werden?

Am 1.1.1995 wird eine Maschine als Ersatz beschafft. Der Anschaffungspreis beträgt nun 149.100 €. Die geschätzte wirtschaftliche Nutzungsdauer beträgt 6 Jahre bei einem Restwert von Null. Die Maschine wird nun arithmetisch degressiv abgeschrieben.

b) Wie viel muss für kalkulatorische Abschreibungen im Jahr 1995 angesetzt werden?

Aufgabe 9

Die Fiffich-GmbH kauft am 3.01.90 eine Maschine, die am 17.01.90 geliefert und am 20.01. betriebsfertig installiert wird. Die Maschine dient der Produktion eines Modeartikels. Für diesen Artikel wurde eine Lizenz mit einer Laufzeit von 9 Jahren erworben. (Danach darf das Produkt nicht mehr hergestellt werden.)

Die Maschine hat eine Nutzungsdauer von 10 Jahren (jährlicher Maximalausstoß 11.000 Stück). Das Absatzvolumen wird voraussichtlich bei 10.000 Stück beginnend jährlich um 1.250 Stück abnehmen.

Anschaffungswert	1.500.000 €
Transportkosten	40.000 €

Montage 30.000 €
Schrottwert 100.000 €
einmalige Lizenzgebühr 50.000 €

Ermitteln Sie die kalkulatorische, leistungsabhängige Abschreibung der einzelnen Nutzungsjahre.

Aufgabe 10

Ein Industriebetrieb hat zum 1.1.1990 ein Fertigungssystem in Betrieb genommen. Die Anschaffungskosten betrugen 46.864,30 €. Sie schätzen, dass die Anlage bis zum 31.12.1997 genutzt wird und der Restwert zu diesem Zeitpunkt 10% des Wiederbeschaffungswertes beträgt. Die durchschnittliche Preissteigerungsrate beträgt 4%. Dem Kalkulationsverfahren liegt das Ziel der Substanzerhaltung zugrunde.

Ermitteln Sie den kalkulatorischen Buchwert zu Beginn des Jahres 1994, wenn als Abschreibungsverfahren die arithmetisch-degressive Methode verwendet wird.

Aufgabe 11

Bei der Bustouristik GmbH werden Busse gleicher Art in einer Kostenstelle zusammengefasst. In der Kostenstelle „Luxusliner" werden die Kosten von einem Reisebus erfasst, der zu Beginn dieses Jahres angeschafft worden ist.

Aus der Anlagenkartei gehen folgende Angaben hervor:

Anschaffungskosten	320.000 €
Nutzungsdauer	5 Jahre
geplante Laufleistung 1. Halbjahr	12.500 km
geplante Laufleistung 2. Halbjahr	7.500 km
betriebsindividuelle Gesamtlaufleistung	320.000 km
steuerlich anerkannte Gesamtlaufleistung	400.000 km

1) Berechnen Sie die kalk. Abschreibungen für das 1. und 2. Halbjahr, sowie die kalk. Restwerte.

2) Berechnen Sie die kalk. Zinsen mit einem Zinssatz von 10 %. Ermitteln Sie das in der Kostenstelle gebundene Vermögen für das 1. Halbjahr nach dem Verfahren der „Durchschnittswertverzinsung" und für das 2. Halbjahr nach dem Verfahren der „Restwertverzinsung". Ver-

wenden Sie dabei als Ausgangswert die gleichen Werte, die sich bei der Berechnung der kalkulatorischen Restwerte ergeben haben.

Aufgabe 12
Markieren Sie die richtigen Aussagen:

A	Die geometrisch-degressive Abschreibung ergibt am Anfang der Nutzungsdauer höhere Abschreibungsbeträge als die lineare Abschreibung.	
B	Für die leistungsabhängige Abschreibung benötigt man die Leistungsmenge der laufenden Periode und das gesamte Leistungspotential der Anlage.	
C	Bei Substanz erhaltender Abschreibung werden die Wiederbeschaffungspreise der Anlage verwendet.	
D	Die bilanzielle Abschreibung orientiert sich an Anschaffungs- und Herstellungskosten.	
E	Die bilanzielle Nutzungsdauer ist immer länger als die kalkulatorische Nutzungsdauer.	

Aufgabe 13

Im letzten Jahr hatte ein Unternehmen bei einem Gesamtumsatz von 25 Mio. €, davon 30 % auf Ziel, insgesamt 75.000 € Forderungsverluste erlitten. Für das nächste Jahr wird mit Zielverkäufen von 3 Mio. € gerechnet.
Welche Aussagen sind richtig?

A	Der **kalkulatorische Wagniszuschlag** beträgt 0,3% auf die Zielverkäufe.	
B	Die **kalkulatorischen Wagniskosten** für das nächste Jahr betragen 10.000 €.	
C	Die **kalkulatorischen Wagniskosten** für das nächste Jahr betragen 30.000 €.	
D	Der **kalkulatorische Wagniszuschlag** beträgt 1% auf die Zielverkäufe.	
E	Die **kalkulatorischen Wagniskosten** für das nächste Jahr betragen 3.000 €	

Aufgabe 14

Ein Unternehmen erleidet durch den Konkurs eines langjährigen Kunden einen sehr hohen Forderungsausfall. Dieser wird erfasst als:

A	kalkulatorische Abschreibungen auf Forderungen	

B	kalkulatorische Wagniskosten für Forderungsausfälle	
C	Aufwand und Ausgabe	
D	außerordentlichen Aufwand	
E	Zweckaufwand, oder auch Grundkosten	

Aufgabe 15

Die Zuverlässig GmbH leistete in den letzten drei Jahren Zahlungen in Höhe von durchschnittlich 6.400,-- € pro Jahr aufgrund berechtigter Gewährleistungsansprüche. Zusätzlich wurden im gleichen Zeitraum Rechnungen für freiwillige Kulanzregelungen in Höhe von durchschnittlich 2.800,-- € pro Jahr beglichen. Weiterhin fielen in der Produktion in den letzten sechs Jahren insgesamt 51.450,-- € für Reparaturen an, die unabhängig von der Produktionsmenge durch unsachgemäße Bedienung von Maschinen entstanden sind. Die Umsatzerlöse betrugen während der letzten drei Jahre insgesamt 1.380.000,-- €. Für das folgende Geschäftsjahr wird mit einem Umsatz in Höhe von 512.400,-- € gerechnet. Wie hoch sind die auf dieses Jahr entfallenden kalkulatorischen Wagniskosten insgesamt?

Aufgabe 16

Der Controller der Zuckersüß GmbH wird beauftragt, für das Jahr 2001 die kalkulatorischen Zinsen zu ermitteln. Basis der Berechnung ist folgende Jahresbilanz (kein Zu- oder Abgang von Vermögensgegenständen im Laufe des Jahres, in T€):

Bilanz der Zuckersüß GmbH zum 31.12.2001

Aktiv	2001	2000	Passiv	2001	2000
1. Anlagevermögen			1. Eigenkapital		
a) Grundstücke	200	200	a) Gezeichnetes Kapital	300	500
b) Gebäude	200	300	b) Kapitalrücklage	100	250
[davon verpachtet]	[30]	[70]			

c) technische Anlagen	370	520	2. Fremdkapital			
			a) Verbindlichkeiten ggü. Kreditinstituten	352,5	507,5	
2. Umlaufvermögen						
a) Vorräte	50	150	b) Anzahlungen	50	50	
b) Forderungen	100	200	c) Verbindlichkeiten aus Lieferungen und Leistungen	125	85	
c) Wertpapiere	5	15				
d) liquide Mittel	2,5	7,5				
	927,5	1.392,5		927,5	1.392,5	

Bei der Analyse der Angaben entdeckt der Controller, dass in der Bilanzposition Verbindlichkeiten aus Lieferungen und Leistungen ein Betrag von 20.000 € enthalten ist, bei dem ein Skontoabzug möglich war. Im Sachanlagevermögen ist ein unbebautes Grundstück in Höhe von 50.000 € enthalten, auf dem ein Tennisplatz für die Geschäftsleitung errichtet werden soll. Die Aktivpositionen c). und d). des Umlaufvermögens werden kurzfristig benötigt, um Rohstoffe zu kaufen. Bei der Berechnung soll unter Verwendung der Methode der Restwertbuchwertverzinsung ein Durchschnittszinssatz von 6,5% angenommen werden.

Berechnen Sie mit Hilfe der Ihnen vorliegenden Bilanz die kalkulatorischen Zinsen für das abgelaufene Abrechnungsjahr.

Aufgabe 17

Folgende Aussagen beziehen sich auf die Ermittlung kalkulatorischer Zinsen nach neuerer Auffassung. Kreuzen Sie die richtigen Antworten an.

A	Egal, woher das Kapital für ein bestimmtes Vermögen stammt: Solange es alternativ verwendet werden kann, sind Opportunitätskosten anzusetzen.
B	Verbindlichkeiten aus Lieferungen und Leistungen werden als Abzugskapital vom betrieblich eingesetzten Vermögen abgezogen, da sie zinsfrei zur Verfügung stehen.
C	Es gibt kein Abzugskapital, wohl aber ein Berichtigungsvermögen, um Doppel-

	verzinsungen zu vermeiden.
D	Verbindlichkeiten aus Lieferungen und Leistungen werden als Berichtigungsvermögen vom betrieblich eingesetzten Vermögen abgezogen, wenn Skonto in Anspruch genommen werden konnte.
E	Die kalkulatorischen Zinsen sind mit den pagatorischen Fremdkapitalzinsen identisch.

Aufgabe 18

Die Gesamtkosten für den Druck eines Skriptes sind abhängig von der Seitenzahl und der Auflagenhöhe. Hierbei sind folgende Kosten beobachtet worden:

Seiten pro Skript	200	150	150	200
Auflagenhöhe	200	400	600	600
Gesamtkosten	1700	2400	3400	4300

Weiterhin sind folgende Informationen gegeben:

- Die variablen Kosten pro Seite sind unabhängig von der Auflagenhöhe konstant.
- Die auflagenfixen Kosten sind bis zu einer Auflage von 200 Stück konstant, danach steigen sie immer nach jeweils 200 Stück um einen gleichbleibenden Betrag an (sprungfixe Kosten).

Berechnen Sie die variablen Kosten pro Seite und die auflagenfixen Kosten.

Aufgabe 19

Ein Kopiercenter beobachtet folgende Entwicklung seiner Kosten:

Kopienzahl	5.000	10.000	20.000	30.000	40.000	50.000
Gesamtkosten	1.700	2.200	3.200	4.200	6.400	7.400

Berechnen Sie die Größen: Fixe Gesamtkosten, Variable Gesamtkosten, Fixe Stückkosten, Variable Stückkosten. Dabei sind die Variablen Kosten pro Stück über die gesamten Kopienzahlen konstant.

Kopienzahl	5.000	10.000	20.000	30.000	40.000	50.000
Fixe Gesamtkosten						
Variable Gesamtkosten						

Fixe Stückkosten					
Variable Stückkosten					

Markieren Sie die richtigen Aussagen:

I.

A	Die fixen Stückkosten betragen bei 50.000 Kopien 0,048 €.	
B	Die variablen Gesamtkosten sind bei 10.000 Kopien doppelt so hoch wie bei 5.000 Kopien.	
C	Die fixen Stückkosten sind bei 10.000 Kopien halb so hoch wie bei 5.000 Kopien.	
D	Beim Wechsel von 30.000 auf 40.000 Kopien entstehen sprungfixe Gesamtkosten in Höhe von 500 €.	
E	Die variablen Gesamtkosten betragen bei 50.000 Kopien 5.000 €	

II.

A	Die variablen Stückkosten betragen 0,1 €.	
B	Die variablen Gesamtkosten betragen bei 30.000 Kopien 3.000 €.	
C	Die fixen Gesamtkosten betragen ab 40.000 Kopien 2.500 €.	
D	Die fixen Gesamtkosten betragen bis 30.000 Kopien 1.500 €.	
E	Beim Wechsel von 20.000 auf 30.000 Kopien entstehen sprungfixe Gesamtkosten in Höhe von 1.000 €.	

III.

A	Die fixen Stückkosten sind bei 50.000 Kopien genauso hoch wie bei 30.000 Kopien.	
B	Die fixen Stückkosten sind bei 40.000 Kopien höher als bei 30.000 Kopien.	
C	Bis zu einer Anzahl von 30.000 Kopien fallen die fixen Stückkosten mit steigender Kopienzahl.	
D	Die variablen Stückkosten betragen bei 50.000 Kopien 0,17 €	
E	Die variablen Gesamtkosten betragen bei 5.000 Kopien 1000 €.	

Aufgabe 20

Gegeben ist eine lineare Kostenfunktion. Für die Herstellung eines Produktes entstehen bei einer Ausbringungsmenge von 1.250 Stück Gesamtkosten in Höhe von 20.000.- €. Bei der Produktion von 1.750 Mengeneinheiten fallen Gesamtkosten in Höhe von 27.500.- € an.

Welche Aussagen sind dann richtig:

I.

A	Da nur Gesamtkosten angegeben werden, ist eine Aufspaltung in fixe und variable Kosten nicht möglich.	
B	Die **fixen** Kosten betragen 1250 €.	
C	Die **variablen** Kosten pro Stück betragen 15 €.	
D	Die **variablen** Kosten pro Stück betragen 16 €.	
E	Die **fixen** Kosten betragen 1.450 €.	

II.

A	Die **gesamten** (variablen und fixen) **Kosten pro Stück** (=Vollstückkosten) fallen mit steigender Ausbringungsmenge.	
B	Die **fixen** Kosten betragen 1750 €.	
C	Wird in der Periode nicht produziert, so fallen keine Kosten an.	
D	Die **variablen** Kosten pro Stück betragen 14 €.	
E	Die **fixen** Kosten betragen 2000 €.	

Aufgabe 21

Die Produktion von 200 Stück Kombizangen führte im Mai zu Gesamtkosten in Höhe von 10.950,-- €. Im Juni dagegen wurden 270 Stück produziert, wobei (bei linearem Kostenverlauf) Gesamtkosten in Höhe von 12.000,-- € zu verzeichnen waren.

Welche Aussagen sind richtig?

A	Eine Stilllegung der Produktion im Juli führt zu Kosten in Höhe von 6.000 €.	
B	Die variablen Gesamtkosten sind bei einer Menge von 270 Stück höher als die fixen Gesamtkosten	
C	Bei einer Menge von 270 Stück sind die fixen Stückkosten niedriger als die	

	variablen Stückkosten.	
D	Bei einer Menge von 530 Stück sind fixen Stückkosten gleich hoch den variablen Stückkosten.	
E	Bei einer Menge von 530 Stück sind fixen Gesamtkosten gleich hoch den variablen Gesamtkosten.	

Aufgabe 22

Welche Aussagen zur mengenmäßigen Verbrauchserfassung sind richtig?

A	Bei der retrograden Methode kann nur ein Ist-Verbrauch, aber kein Soll-Verbrauch ermittelt werden.	
B	Wird allein die Inventurmethode durchgeführt, dann sind Schwund und Diebstahl nicht ermittelbar.	
C	Die Skontrationsmethode erfordert eine aufwendige und differenzierte Lagerbuchführung (häufig durch EDV). Dadurch ist es aber möglich, die Verbrauchsabweichung (= ineffizienter Verbrauch) auch ohne vorherige Soll-Verbrauchsbestimmung zu erfassen.	
D	Bei der Skontrationsmethode lässt sich ohne Inventur eine Trennung von bestimmungsgemäßem und nicht bestimmungsgemäßem Verbrauch herbeiführen.	
E	Die retrograde Methode ist zwar weniger aussagefähig als die Skontrationsmethode, lässt aber durch Vergleich von hergestellter Menge und Soll-Stoffverbrauch wenigstens Schwund und Diebstahl erkennen.	

Aufgabe 23

Im Rohstofflager befindet sich u. a. ein Tank, in dem ätherische Öle gelagert werden. Weiterhin wird dort in Tüten verpackter Kamillenblütenstaub, der wegen seines raschen Aromaschwundes nach Eingang getrennt gelagert wird, aufbewahrt. Ermitteln sie den Materialverbrauch und den Endbestand zum 30.06. nach der tatsächlichen Verbrauchsfolge.

„Ätherische Öle"			
Einkauf		Verbrauch	
Anfangsbestand	800 l zu je 7,50 €	10.03.	400 l
05.03.	500 l zu je 6,46 €	02.05.	600 l
03.06.	900 l zu je 6,55 €		

„Kamillenblütenstaub"	
Einkauf	Verbrauch
Anfangsbestand 300 kg zu je 8,50 € 23.06. 600 kg zu je 9,00 €	18.03. 100 kg 02.05. 100 kg 25.06. 200 kg

Aufgabe 24

Erläutern Sie die Materialbewertungsverfahren Lifo und Fifo. Stellen Sie die Auswirkungen dieser Verfahren auf den Wert der Endbestände und auf den Erfolg dar.

a) Bei sinkenden Preise
b) Bei steigenden Preise

Aufgabe 25

In der Tischlerei Fridolin Hobel werden zur Herstellung der Tische Holzplatten benötigt, die jeweils 1m² groß sind. Fridolin kennt 3 Verfahren (Lifo; Fifo, permanenter Durchschnitt) zur Materialbewertung. Da er nicht weiß, welches Verfahren zu welchem Ergebnis führt, stellt er die 3 Verfahren gegenüber. Welche Auswirkungen haben diese Verfahren auf Erfolg und Bestand?

Anfangsbestand: 10.000 Stck., Preis: 4,80 €/m²

Zugänge am: 5.12.   5.000 Stck. zu 5,40 €/m²
              15.12. 10.000 Stck. zu 5,90 €/m²
              20.12. 5.000 Stck. zu 6,40 €/m²
Abgänge am : 8.12.   6.000 Stck.
              10.12.. 4.000 Stck.
              18.12. 10.000 Stck.
              29.12. 5.000 Stck.

Aufgabe 26

In einer Tischlerei müssen Hölzer zunächst gelagert werden, um sie danach zu Funier verarbeiten zu können:

Bestand vom 12.1.93: 4 m³ à 3.000,-- €/m³
Zugang am 20.1.93: 2 m³ à 2.900,-- €/m³
Verbrauch am 1.2.93: 3 m³
Zugang am 15.2.93: 3 m³ à 3.100,-- €/m³
Verbrauch am 28.2.93: 3 m³

Welche Aussagen sind richtig, wenn die Fifo-Methode angewendet wird?

A	Wenn die Einkaufspreise permanent steigen, führt die Fifo-Methode immer zu niedrigeren Materialverbräuchen als die Lifo-Methode.	
B	Der Materialverbrauch beträgt 18.100 €.	
C	Der Endbestand beträgt 9.300 €.	
D	Hätte der Bestand vom 12.1. 5 m³ statt 4 m³ betragen, so hätte dies zu einem Mehrverbrauch von 100 € geführt.	
E	Wäre der Zugang am 15.2. mit einem Preis von 3.200,-- €/ m³ erfolgt, so wäre der Verbrauch um 300,-- € höher gewesen.	

Aufgabe 27

Angenommen, die Wiederbeschaffungspreise für Rohstoffe steigen kontinuierlich. Welche der folgenden Aussagen sind dann <u>falsch</u>?

A	Die Bewertung mit festen Verrechnungspreisen, wie sie in der Plan-kostenrechnung üblich ist, führt niemals zur Substanzerhaltung und ist deshalb grundsätzlich abzulehnen.	
B	Lifo-Methode und Hifo-Methode führen zum gleichen Ergebnis (gleicher Verbrauch).	
C	Die Fifo-Methode ist unter dem Ziel der Substanzerhaltung ungeeignet.	
D	Die Hifo-Methode gewährleistet bei starker Inflation und langen Wiederbeschaffungszyklen keine Substanzerhaltung.	
E	Fifo-, Lifo- und Hifo-Methode verwenden immer (historische) Anschaffungspreise und sind daher zur Substanzerhaltung nur bedingt geeignet.	

Aufgabe 28

1. Diskutieren Sie die Aufgaben der Kostenstellenrechnung.

2. Diskutieren Sie den Unterschied zwischen Hilfs- und Hauptkostenstellen.
3. Was sind Kostenstelleneinzelkosten?
4. Diskutieren Sie die Begriffe primäre und sekundäre Gemeinkosten.
5. Welche Formen der Kostenschlüsselung kennen Sie?
6. Erläutern Sie generelle Mängel des BAB, gibt es Möglichkeiten diese zu beheben?
7. Die Kosten für Lichtstrom von insgesamt 1.850 € sollen auf die Kostenstellen im Verhältnis der Raumfläche verteilt werden. Wie hoch sind die Kostenanteile dieser Kostenstellen?

Kostenstelle	A	B	C	D
Fläche	341 qm	496 qm	248 qm	465 qm

Aufgabe 29

Die "Böddicker GmbH" fertigt in Werkstattfertigung Tresore und will ihre Kostenstellenrechnung verbessern.

Bisher besteht pro Werkstatt eine Kostenstelle. Zusätzlich eine Kostenstelle für die Verwaltung, die Buchhaltung, den Verkauf, die 2 LKW des Fuhrparks und die Geschäftsführung. Zu den Werkstätten liegen Ihnen folgende Kostenstellenpläne vor:

Blechschneiderei und Biegerei:

2 Stanzen, 3 Biegeeinrichtungen, WBP: 600.000,- €, Nutzungsdauer 10 Jahre.

Schweißerei:

1 Schweißautomat 5 mm, 3 Schweißautomaten 1 mm, WBP: 800.000,-€ Nutzungsdauer 10 Jahre.

Lackiererei:

1 Lackierkammer 20 m² 1 Lackierkammer 40 m², WBP 300.000,- €, Nutzungsdauer 10 Jahre.

Montage:

diverses Werkzeug, WBP 200.000,- €, Nutzungsdauer 5 Jahre

Betriebsschlosserei:

diverses Werkzeug, WBP 50.000,- €, Nutzungsdauer 5 Jahre.

Die Fertigung untersteht einem Meister, der am Anfang der Woche das Fertigungsprogramm, sowie die Verteilung der 25 Arbeiter auf die Werkstätten festlegt.

a) Entwerfen Sie einen neuen Kostenstellenplan und begründen Sie Ihre Vorschläge.

b) Bei der Umgestaltung der Kostenrechnung werden Sie vom Buchhalter des Betriebes gefragt, ob man die kalkulatorischen Zinsen nicht endlich abschaffen, und die kalkulatorischen Abschreibungen durch die bilanzielle AfA ersetzen könne. Stellen Sie drei Argumente für die Beibehaltung der bisherigen Vorgehensweise dar, die den Buchhalter endgültig überzeugen.

Aufgabe 30

Die Einzelunternehmung Elfriede Meier stellt Büromöbel her. Im Monat Oktober 1991 sind folgende Kosten angefallen:

1) Gehälter Verwaltungsangestellte	46.200 €
2) Hilfslöhne für 175 Arbeiter bei 22 Arbeitstagen a 7,5 Std.	490.875 €
3) Miete für Lagerhalle in der Fertigerzeugnisse gelagert werden	14.200 €
4) Hilfsstoffe (Verbrauch 60% in Fertigung, 40% in Materialstelle)	35.000 €
5) Vertreterprovision	15.000 €
6) Raumkosten für 2700 qm	11.340 €
7) Kfz-Kosten (Benzin, Wartung)	28.000 €
8) Instandhaltungskosten für Fertigungsmaschinen	12.000 €
9) Feuerversicherung	1.392 €
10) Gewerbesteuer	8.000 €

a) Die oben aufgeführten primären Gemeinkosten sind aufgrund folgender Angaben auf die Kostenstellen zu verteilen:

Kosten-stelle	Größe in qm	Arbeits-stunden	abnutzbares AV (WBP)	ND des AV (in Jahren)
Fuhrpark	300	1.980	1.200.000	4
Energie	120	825	480.000	8
Material	500	4.950	300.000	5
Fertigung	1.200	19.800	4.200.000	10
Verwaltung	180	--------	540.000	5
Vertrieb	400	1.320	240.000	10
Summe	2.700	28.875	6.960.000	

Verteilungsschlüssel für die Feuerversicherung sind die WBP des Anlagevermögens.

Die Gewerbesteuer ist vereinfachend direkt der Kostenstelle Verwaltung zuzurechnen.

Der Fuhrpark des Betriebes ist in einem Gebäude untergebracht, das zum Privatvermögen der Elfriede Meier gehört. Kalkulatorischer Mietwert: 2.400 € monatlich.

Die Arbeitsleistung der Einzelunternehmerin ist monatlich mit 9.800.-- € zu berücksichtigen.

Die kalkulatorische Abschreibung ist linear vorzunehmen.

Für das betriebsnotwendige AV sind kalkulatorische Zinsen anzusetzen (Durchschnittsmethode, Zinssatz 10% p.a., Bemessungsgrundlage sind die WBP)

b) Führen Sie die innerbetriebliche Leistungsverrechnung durch...

   b1) ...nach dem Anbauverfahren,

   b2) ...nach dem Stufenleiterverfahren,

   b3) ...nach dem Gleichungsverfahren...

unter Berücksichtigung der folgenden Leistungsinanspruchnahme:

Leistungsabgabe	Fuhr-park	Ener-gie	Materi-al	Ferti-gung	Verwal-tung	Vertrieb
Fuhrpark 35.000 km	---	700	3.500	4.550	1.750	24.500

| Energie kWh | 86.500 | 4.325 | --- | 15.570 | 60.550 | 2.595 | 3.460 |

c) Berechnen Sie für die unter b genannten Verfahren die Verrechnungspreise für die Leistungsinanspruchnahme der Hilfskostenstelle.

Aufgabe 31
Welche der folgenden Aussagen über Kostenstelleneinzelkosten (KST-EK) und Kostenstellengemeinkosten (KST-GK) ist richtig?

A	KST-EK werden direkt (ohne BAB) auf die Kostenträger verteilt.	
B	KST-EK werden nicht in der innerbetrieblichen Leistungsverrechnung verrechnet.	
C	KST-EK sind beschäftigungsvariabel.	
D	Die Gehälter von KST-Leitern (z.B. Meistergehälter) sind KST-GK.	
E	KST-GK lassen sich nur über einen Verteilungsschlüssel auf die Kostenstelle verteilen.	

Aufgabe 32
Gegeben ist folgender Betriebsabrechnungsbogen:

Kostenstellen	Wasserwerk	Elektrizität	Material	Fertigung	Verw./Vtr.
Kostenstelleneinzelk.	10.000	20.496	10.500	20.700	19.254
Kostenstellengemeink.	38.008	8.000	43.500	29.250	8.000
Summe	48.008	28.496	54.000	49.950	27.254

Das Wasserwerk hat folgende Wassermengen geliefert an:
E-Werk: 1.200 m³
Material: 1.700 m³
Fertigung: 8.000 m³
Verw./Vertrieb: 500 m³

Das Elektrizitätswerk hat folgende Mengen Strom geliefert an:
Wasserwerk: 22.000 kWh
Material: 50.000 kWh
Fertigung: 129.000 kWh

Verw./Vertrieb: 11.000 kWh

Wählen Sie für die innerbetriebliche Leistungsverrechnung ein geeignetes Verfahren! Welche Aussagen dann sind richtig?

I.

A	Der Verrechnungspreis für Energie beträgt 0,22 € pro kWh.	
B	Die Materialstelle hat 6.630 € für empfangenes Wasser zu tragen.	
C	Der Verrechnungspreis für Wasser beträgt 4,52 € pro m³.	
D	Die sekundären Gemeinkosten betragen für die Kostenstelle Verwaltung/Vertrieb 4.020 €.	
E	Die Fertigungsstelle hat 36.160 € für empfangenes Wasser zu tragen.	

II.

A	Die Fertigungsstelle hat 20.640 € für empfangene Energie zu tragen.	
B	Die Materialstelle hat 11.000 € für empfangene Energie zu tragen.	
C	Die gesamten Kostenstellenkosten nach innerbetrieblicher Leistungsverrechnung betragen für die Kostenstelle Elektrizität 0 €.	
D	Die gesamten Kostenstellenkosten nach innerbetrieblicher Leistungsverrechnung betragen für die Kostenstelle Material 69.684 €.	
E	Der Verrechnungspreis für Energie beträgt 0,19 € pro kWh.	

III.

A	Die Verwaltungs- und Vertriebsstelle hat 2.090 € für empfangene Energie zu tragen.	
B	Die primären und sekundären Gemeinkosten betragen für die Kostenstelle Material insgesamt 107.500 €.	
C	Der Verrechnungspreis für Energie beträgt 0,10 € pro kWh.	
D	Die primären und sekundären Gemeinkosten betragen für die Kostenstelle Wasserwerk insgesamt 48.008 €.	
E	Die primären und sekundären Gemeinkosten betragen für die Kostenstelle Fertigung insgesamt 106.750 €.	

IV.

A	Die Kostenstelleneinzelkosten können einer Kostenstelle direkt zugerechnet werden.	
B	Die Kostenstellengemeinkosten können einer Kostenstelle nur indirekt (über Schlüsselung) zugerechnet werden.	
C	Wenn die Kostenstelle Elektrizität selbst auch Strom verbraucht, hat dies grundsätzlich keinen Einfluss auf die Höhe der Verrechnungspreise.	

D	Wenn das Wasserwerk an jede Kostenstelle die doppelte Menge Wasser liefert (alle anderen Daten bleiben gleich), dann halbiert sich der Verrechnungspreis für Wasser.
E	Sowohl die Kostenstellengemeinkosten als auch Kostenstelleneinzelkosten werden zur Ermittlung der Verrechnungspreise herangezogen.

Aufgabe 33

Folgende innerbetriebliche Leistungsverflechtungen zwischen den Hilfskostenstellen „Dampf" und „Strom" sind gegeben:

Auszug aus dem BAB

		empfangende Kostenstelle	
		Dampf	Strom
liefernde	Dampf	150 t	250 t
Kostenstelle	Strom	20.000 kWh	10.000 kWh

Die Gesamtleistung beträgt für Dampf 950 t und für Strom 60.000 kWh. An primären Kosten fallen in der Kostenstelle „Dampf" 4.000,- € und in der Kostenstelle „Strom" 7.500,- € an. Bei der Berechnung sind sämtliche Leistungsbeziehungen zu berücksichtigen.

Berechnen Sie die innerbetrieblichen Verrechnungspreise für eine Einheit Strom und Dampf!

Aufgabe 34

Welche Aussagen sind richtig?

A	Fehlerhafte Verrechnungspreise führen auch zu fehlerhaften Kostenträgerkalkulationen.
B	Die exakte Ermittlung von Verrechnungspreisen ist auch wichtig für die Frage nach dem Fremd- oder Eigenbezug von Leistungen.
C	Egal welche Leistungsverflechtungen gegeben sind, die simultane Verrechnung führt immer zum exakten Ergebnis.
D	Im Vergleich zum Stufenleiterverfahren führt das Anbauverfahren für alle innerbetrieblichen Leistungen immer zu überhöhten Verrechnungspreisen.
E	Beim Anbauverfahren und beim Stufenleiterverfahren bleiben die Leiter von Hilfskostenstellen auf einem Teil ihrer primären Gemeinkosten sitzen.

Aufgabe 35

Welche der folgenden Aussagen sind richtig?

A	Kostenträgereinzelkosten sind **immer** beschäftigungsvariabel.
B	Kostenstelleneinzelkosten sind **immer** Kostenträgergemeinkosten.
C	Kostenstellengemeinkosten sind **immer** sekundäre Gemeinkosten.
D	Kostenträgergemeinkosten sind **nie** beschäftigungsvariabel.
E	Einzelkosten höherer Betrachtungsebene sind **immer** beschäftigungsfixe Kosten (in Bezug auf die hergestellte Menge).

Aufgabe 36
Welche Aussagen sind richtig?

A	Kostenstelleneinzelkosten sind immer beschäftigungsvariabel.
B	Hilfskostenstellen erbringen hauptsächlich Leistungen für andere Kostenstellen und wirken somit nur mittelbar an der absatzbestimmten Leistungserstellung mit.
C	Sekundäre Kostenstellengemeinkosten sind Kosten der Hilfskostenstellen, die im Rahmen der innerbetrieblichen Leistungsverrechnung auf die Hauptkostenstellen verteilt werden.
D	Aufgabe der Kostenstellenrechnung ist u. a. die Steuerung von Kosten und Leistungen sowie die Wirtschaftlichkeitskontrolle in den verschiedenen Bereichen des Betriebes.
E	Kostenstelleneinzelkosten sind direkt einer Kostenstelle zurechenbar.

Aufgabe 37

In einem Industriebetrieb werden 3 Produktarten hergestellt: A(pfelmus), B(irnenkompott), C(itronengelee). Die Produktion erfolgt in 3 Stufen:

I. Sortierung (säubern u. sortieren)
II. Bearbeitung (entkernen u. schneiden)
III. Küche (sterilisieren u. einwecken)

Der Betrieb rechnet mit folgenden Normal-Gemeinkostenzuschlägen:

MGK = 10% der MEK
FGK I = 80% der FL
FGK II = 50% der FL
FGK III = 18 € je Std.

VwGK = 20% der Herstellkosten
VtGK = 10% der Herstellkosten
Für jeweils 30 Dosen entstehen folgende Einzelkosten:

	A	B	C
Materialeinzelkosten	3.-	4.-	10.-
Fertigungslöhne I	4.-	4.-	5.-
Fertigungslöhne II	8.-	9.-	12.-
Fertigungslöhne III	5,80	6,80	4,60
Fertigungszeit III	20 min	25 min	18 min

Ermitteln Sie die Selbstkosten pro Dose der drei Produkte!

Aufgabe 38
Eine Unternehmung stellt Dachfenster und Normalfenster her. In der abgelaufenen Periode ergaben sich folgende Produktions- und Absatzzahlen:

	Dachfenster	Normalfenster
Produktionsmenge (Stück)	165	352
Absatzmenge (Stück)	145	320
Listenpreis (€/Stück)	625	375
Materialkosten (€/Stück)	146	109
Fertigungslohn (€/Stück)	33	29

Im Durchschnitt wurde ein Rabatt in Höhe von 4 % gewährt. In der Unternehmung wird mit einem Materialgemeinkostenzuschlag von 50 % und einem Fertigungsgemeinkostenzuschlag von 240 % kalkuliert. Die Verwaltungs- und Vertriebsgemeinkosten der Periode belaufen sich auf 38.249,84 €.

Markieren Sie die richtigen Antworten:
I.

| A | Die Herstellkosten des Umsatzes für Dachfenster betragen insge- | |

	samt 25.955 €	
B	Die Herstellkosten des Umsatzes für Dachfenster betragen insgesamt 48.024 €.	
C	Die Herstellkosten des Umsatzes für Dachfenster betragen insgesamt 93.642 €	
D	Die Herstellkosten des Umsatzes für Normalfenster betragen insgesamt 54.648 €	
E	Die Herstellkosten des Umsatzes für Normalfenster betragen insgesamt 83.872 €.	

II.

A	Die Verwaltungs- und Vertriebsgemeinkosten für Dachfenster betragen insgesamt 10.237,97 €	
B	Die Verwaltungs- und Vertriebsgemeinkosten für Dachfenster betragen insgesamt 38.249,84 €	
C	Die Verwaltungs- und Vertriebsgemeinkosten für Dachfenster betragen insgesamt 13.926,96 €	
D	Die Verwaltungs- und Vertriebsgemeinkosten für Normalfenster betragen insgesamt 24.322,88 €	
E	Die Verwaltungs- und Vertriebsgemeinkosten für Normalfenster betragen insgesamt 16.774,40 €	

III.

A	Das Betriebsergebnis für Dachfenster beträgt 25.049,04 €	
B	Der Zuschlagssatz für Verwaltungs- und Vertriebsgemeinkosten beträgt bei Dachfenstern 29%.	
C	Der Zuschlagssatz für Verwaltungs- und Vertriebsgemeinkosten beträgt bei Normalfenstern 29%.	
D	Das Betriebsergebnis für Dachfenster beträgt 87.000,00 €	
E	Das Betriebsergebnis für Dachfenster beträgt 31.673,04 €	

IV.

A	Der Mehrbestand bei **Normal**fenstern beträgt +8.387,20 €	
B	Das Betriebsergebnis für **Normal**fenster beträgt 6.480,92 €	
C	Der Mehrbestand bei **Dach**fenstern beträgt +6.624 €	
D	Das Betriebsergebnis für **Normal**fenster beträgt 31.328,00 €	
E	Das Betriebsergebnis für **Normal**fenster beträgt 7.005,12 €	

Aufgabe 39
Ein Unternehmen stellt nur ein Produkt her.
Aus der Kostenrechnung entnehmen Sie folgende Daten:

Betriebsabrechnungsbogen				
Gemeinkosten insgesamt	Material	Fertigung	Verwaltung	Vertrieb
35.860 €	7.200 €	17.200 €	6.150 €	5.310 €

Einzelkosten	Fertigungsmaterial	28.500 €
	Fertigungslöhne	6.900 €
Bestandsveränderungen	Mehrbestand an unfertigen Erzeugnissen	2.400 €
	Minderbestand an fertigen Erzeugnissen	1.600 €
Kosten einer einmaligen Werbemaßnahme für das Produkt		3.540 €
Absatzmenge		29.600 Stück

Welche der folgenden Aussagen sind richtig?

I.

A	Bei der Ermittlung der Selbstkosten bilden die Herstellkosten des Umsatzes die Zuschlagsbasis für die Verwaltungs- und Vertriebsgemeinkosten.
B	Der Unternehmung entstehen Herstellkosten des Umsatzes in Höhe von 60.600,- €.
C	Der Unternehmung entstehen Herstellkosten des Umsatzes in Höhe von 59.000,- €.
D	Bei der Ermittlung der Selbstkosten bilden die Herstellkosten der Produktion die Zuschlagsbasis für die Verwaltungs- und Vertriebsgemeinkosten.
E	Die Herstellkosten des Umsatzes sind um 4.000 € höher als die Herstellkosten der Produktion.

II.

A	Der Absatzpreis muss mindestens 2,67 € betragen, damit das Unternehmen bei

	einer Absatzmenge von 29.600 Stück keinen Betriebsverlust erleidet.	
B	Bei einem Absatzpreis von 1,38 € werden bei einer Absatzmenge von 29.600 Stück alle Kosten gedeckt.	
C	Die Selbstkosten pro Stück betragen 2,50 €.	
D	Die Herstellkosten des Umsatzes sind um 800 € höher als die Herstellkosten der Produktion.	
E	Die Bestandsveränderungen werden im Rahmen des Gesamtkostenverfahrens ausgewiesen.	

III.

A	Die Kosten der einmaligen Werbemaßnahme für das Produkt sind Bestandteil der Vertriebsgemeinkosten.	
B	Die Kosten der einmaligen Werbemaßnahme für das Produkt sind im Vertriebsgemeinkostenzuschlag enthalten.	
C	Die Kosten der einmaligen Werbemaßnahme für das Produkt sind Sondereinzelkosten des Vertriebs.	
D	Bei Werbemaßnahmen für ein Produkt handelt es sich um Einzelkosten für dieses Produkt, da sie diesem direkt zurechenbar sind.	
E	Bei Werbemaßnahmen für ein Produkt handelt es sich um Gemeinkosten für dieses Produkt, da sie unabhängig von der Ausbringungsmenge sind.	

IV.

A	Da das Unternehmen nur ein Produkt herstellt, kann auch die einstufige Divisionskalkulation angewendet werden.	
B	In diesem Unternehmen kann keine Divisionskalkulation angewendet werden.	
C	Da das Unternehmen nur ein Produkt herstellt, kann auch eine mehrstufige Divisionskalkulation (Berücksichtigung der Bestandsveränderungen) angewendet werden.	
D	Mehrstufige Divisionskalkulation und Zuschlagskalkulation führen in diesem Unternehmen zum gleichen Ergebnis.	
E	Der BAB ist zur Ermittlung der Selbstkosten für dieses Unternehmen hier nicht notwendig. Lediglich die Bestandsveränderungen müssen separat erfasst werden.	

Aufgabe 40

Die Stampf & Mampf OHG produziert für die EU 500g Gläser hochwertiges Pflaumenmus mit einem Fruchtanteil von 50%.

Die Produktion erfolgt in 3 Stufen:

    I.   Sortieren und Reinigen (Ausschuss 10%)

II. Entsteinen (Gewichtsverlust 50%)

III. Kochen, Abfüllen

Für die Verarbeitung von 1.000 t Rohpflaumen (Einkaufspreis 450 €/t) wurden in der vergangenen Periode folgende Angaben ermittelt:

I. Fertigungstufe:

MGK-Zuschlag: 1.- €/t

FEK: 4 €/t

FGK-Zuschlag: 300%

II. Fertigungsstufe:

FEK: 4.- €/t

FGK-Zuschlag: 170%

III. Fertigungsstufe:

MEK (Zutaten): 250.- €/t

MEK (Gläser): -.15 €/Stck

MGK-Zuschlag: 2%

FEK: 32.- € /t (verarbeitete Tonnen entsteinter Pflaumen)

FGK-Zuschlag 400%

VwGK-Zuschlag (Mus-Produktion): 10%

VtGK-Zuschlag (Mus-Produktion): 20%

In der Folgeperiode sollen saisonbedingt 2.000 t Rohpflaumen verarbeitet werden (Einkaufspreis 400.- €/t)

a) Führen Sie mit Hilfe der IST-Zuschläge aus der Vorperiode eine Normal-Vorkalkulation für die Folgeperiode durch. Berücksichtigen Sie hierbei, dass 500t Pflaumen nach der 1. Fertigungsstufe an die Backpflaumenindustrie und 125t entsteinte Pflaumen nach der 2. Stufe zur Pflaumenkuchenproduktion an eine Großbäckerei abgegeben werden sollen. Ermitteln Sie die Selbstkosten der Mus-Produktion und die Stückkosten je Glas.

b) Die Zuschlagssätze (s. o.) wurden bei der Verarbeitung von 1.000t Rohpflaumen ermittelt. Wie hoch sind die Stückkosten je Glas Mus, wenn die FGK sich wie folgt in fixe (lineare Abschreibung, Meistergehälter etc.) und variable (Energie, Hilfsstoffe, Hilfslöhne etc..) Gemeinkosten unterteilen lassen?

FGK (I)	FGK(II)	FGK(III)

Fix	13.000.-	3.000.-	15.000.-
Variabel	11,11%	20%	25%

c) Wie hoch ist die prozentuale Abweichung der Stückkosten zwischen a) und b)?

Aufgabe 41

Ein Zementwerk stellt Zement in einem fünfstufigen Produktionsprozess her. Auf den einzelnen Produktionsstufen entstanden im Abrechnungszeitraum folgende Kosten:

I.	Fördern	9.000 €
II.	Aufbereiten	15.000 €
III.	Brennen	30.000 €
IV.	Zermahlen und Mischen (inklusive Materialkosten für 100 t Gips)	21.175 €
V.	Packen und Verladen	4.125 €

Gefördert wurden 3.000 t Rohmaterial. Nach der Aufbereitung verblieben noch insgesamt 2.400 t Zementmehl. (Der Rest ist Schutt.) Es wurden zwei Chargen Klinker gebrannt. Jede Charge bestand aus 1.000 t Zementmehl, aus denen je 800 t Klinker gebrannt wurden. Insgesamt wurden 1.800 t Klinker unter Zugabe von 100 t Gips zu 1.900 t Zement zermahlen und vermischt (Hinweis: die Bestandsentnahme von Klinker wurde mit 31,25 €/t bewertet). Schließlich wurden 1.500 t Zement verkauft.

Markieren Sie die richtigen Antworten:

I.

A	Je höher die Menge an (nicht verwendetem) Schutt ist, desto höher werden die Stufenkosten pro Tonne Zementmehl.	
B	Die hier zur Anwendung kommende mehrstufige Divisionskalkulation nennt man auch durchwälzende Divisionskalkulation.	
C	Die Bestandsmehrung an Zementmehl beträgt 3.200 €.	
D	Die hier zur Anwendung kommende mehrstufige Divisionskalkulation ist relativ zeitaufwendig, da die nachfolgende Fertigungsstufe erst dann kalkuliert werden kann, wenn die Kosten der Vorstufe bekannt sind.	
E	Die Stufenkosten pro Tonne Zementmehl betragen 8 € pro Tonne.	

II.

A	Die Bestandsmehrung an Klinker beträgt +6.250 €.	
B	In Stufe IV zur Berechnung der Kosten für Zement gehen die Kosten für Klinker in Höhe von 56.250 € ein.	
C	Die Bestandsmehrung an Zement beträgt +12.500 €.	
D	Die gesamte Bestandsveränderung (Zementmehl, Klinker und Zement) beträgt +14.050 €.	
E	In Stufe III zur Berechnung der Kosten für Klinker gehen die Kosten für Zementmehl in Höhe von 20.000 € ein.	

III.

A	Die Selbstkosten pro Tonne verkauften Zements betragen 52,87 €.	
B	Die Kosten auf Stufe V betragen insgesamt 65.250 €.	
C	Der zum Verkauf gelangte Zement (Stufe V) wird um 2,75 € pro Tonne höher kalkuliert als der produzierte Zement.	
D	Die Stufenkosten pro Tonne Zement (Stufe IV) betragen 51,62 € pro Tonne.	
E	Je mehr Zement auf Lager gelegt wird, desto geringer werden die Selbstkosten pro Tonne verkauften Zements.	

Aufgabe 42

Die Pader-Brauerei hat in der letzten Periode 10.000 hl Pader-Pils hergestellt. Dabei sind 900.000.- € an Periodenkosten angefallen.

1. Aufgabenteil: Die Selbstkosten pro 0,33l-Flasche sind mit Hilfe der einstufigen Divisionskalkulation zu ermitteln.

2. Aufgabenteil: Es konnten 4.000 hl abgesetzt werden. Die Verwaltungs- und Vertriebskosten betragen 100.000 €. Die Selbstkosten je 0,33l-Flasche sind mit Hilfe der zweistufigen Divisionskalkulation zu ermitteln. Wie hoch ist der Wert der Lagerbestandsveränderungen?

3. Aufgabenteil: Der Brauprozess läuft über folgende Kostenstellen:

Stufe 1	Weichen und Keimen der Gerste. 25.000 kg Gerste werden in Wasser eingeweicht: Stufenkosten: 60.000.- €
Stufe 2	Darre. 15.000 kg Malz bleiben nach dem Trocknen über, davon gehen 5.000 kg auf Lager. Stufenkosten 6.000 €

Stufe 3	Schrotmühle und Sudhaus. Das geschrotene Malz wird mit Wasser vermischt. Die dabei gewonnene Maische wird erhitzt. Nach Absetzen der Rückstände und Beigabe der Hopfenwürze ergeben sich 10.000 hl Sud: Stufenkosten 400.000 €
Stufe 4	Kühlung, Gärung, Filterung: Stufenkosten 220.000 €
Stufe 5	Abfüllen in Flaschen: Stufenkosten 86.000 €
Stufe 6	Verwaltung und Vertrieb. Von den hergestellten 10.000 hl werden nur 4.000 hl abgesetzt: Stufenkosten 100.000 €

Die Selbstkosten pro 0,33l-Flasche sind mit Hilfe der mehrstufigen Divisionskalkulation zu ermitteln. Wie hoch ist der Wert der Bestandsveränderungen an fertigen und unfertigen Erzeugnissen?

Aufgabe 43

In der Bölkstoff-Brauerei werden die Biersorten Pilsener, Export und Edel erzeugt. Es handelt sich um einen zweistufigen Produktionsprozess, bei dem das Sudhaus und die Abfüllung unterschieden werden. Wegen der unterschiedlichen Brau- und Abfüllverfahren werden unterschiedlich hohe Personal- und Maschinenkosten verursacht, die sich durch folgende Kostenverhältnisse ausdrücken lassen:

Sorte	Produkti-onsmenge (l)	Kostenverhältnisse			
		Produktionskosten		Abfüllkosten	
		Personal	Maschinen	Personal	Maschinen
Pilsener	2.000.000	1,2	1,8	0,9	1,2
	1.000.000	1,0	0,9	1,3	1,5
Export Edel	1.600.000	0,9	1,0	0,9	1,0

Die Personalkosten der Produktion belaufen sich auf 726.000,-€ bei Maschinenkosten von 1.525.000,-€. Bei der Abfüllung fallen nochmals Personalkosten von 800.000,-€ und Maschinenkosten von 735.000,-€ an.

Da bei der Biersorte Edel Absatzprobleme existieren, werden von den produzierten 1,6 Mio. Litern nur 1 Mio. Liter abgefüllt, der Rest wird zwischengelagert.

Die Verwaltungs- und Vertriebsgemeinkosten betragen 10% der Herstellkosten des Umsatzes.

Ermitteln Sie die Selbstkosten pro abgefüllter 0,5 Liter Flasche, sowie die Lagerbestandsveränderung.

Aufgabe 44

Die Firma Dromedar stellt verschiedene Zigarettensorten her. Die Produktion der 3 Sorten "D-Leicht", "D" und "D-Stark" verursacht Gesamtkosten in Höhe von 485.000,-- €. Hierbei sind die Produktionskosten für "D-Leicht" um 10% höher als bei "D" und für "D-Stark" um 20% höher als bei "D". Die Vertriebsgemeinkosten betragen insgesamt 154.300,-- €, wobei für "D-Leicht" 20% und für "D-Stark" 30% höhere Kosten anfallen als für "D". Folgende Produktions- und Absatzzahlen sind gegeben:

Sorte	Produktion	Absatz
D-Leicht	1,5 Mio. Stck.	1,0 Mio. Stck.
D	2,0 Mio. Stck.	3,0 Mio. Stck.
D-Stark	1,0 Mio. Stck.	0,7 Mio. Stck.

Verwenden Sie eine geeignete Kalkulationsmethode! Welche Aussagen sind richtig?

I.

A	Die Firma Dromedar verwendet als Kalkulationsmethode eine mehrstufige differenzierte Äquivalenzziffernrechnung.
B	Die gesamten Herstellkosten für D-Leicht betragen 150.000 €.
C	Die Herstellkosten pro Stück für D-Stark betragen 0,12 €.
D	Die gesamten Herstellkosten von D sind um 2/3 höher als die von D-Stark.
E	Die Umrechnungszahl für die Produktion beträgt 4.850.000.

II.

A	Die Umrechnungszahl für den Vertrieb beträgt 4.700.000.
B	Die gesamten Vertriebskosten für D betragen 45.000 €.
C	Die Selbstkosten pro Stück betragen bei D 0,13 €.
D	Die gesamten Selbstkosten für D-Stark liegen bei 232.363 €.
E	Die Firma Dromedar verwendet als Kalkulationsmethode eine mehrstufige summarische Äquivalenzziffernrechnung.

III.

A	Das Lager für D reduziert sich um 100.000 €.
B	Die gesamte Lagerbestandveränderung beträgt +10.000 €.
C	Die Lagerbestandsveränderungen werden mit den Selbstkosten pro Stück bewertet.
D	Die Firma Dromedar verwendet als Kalkulationsmethode eine einstufige summarische Äquivalenzziffernrechnung.
E	Das Lager für D-Leicht erhöht sich um 55.000 €.

Aufgabe 45

In der Kostenstelle Dreherei werden Gewinde an verschiedenen Drehbänken gefertigt. Die Gewinde unterscheiden sich hinsichtlich Länge, Durchmesser, Voll- und Hohlkörper, Präzisionsgrad des Gewindeschnitts, Tiefe des Gewindeschnitts und Anzahl der Windungen pro Längeneinheit des Werkstückes. Welche der nachfolgenden Bezugsgrößen ist zur Bildung eines Kalkulationssatzes der Kostenstelle Dreherei am besten geeignet?

A	Anzahl der bearbeiteten Gewinde
B	Anzahl der Windungen

C	Bearbeitungszeit (Maschinenstunden)
D	Materialeinzelkosten der bearbeiteten Gewinde
E	Gewicht der bearbeiteten Gewinde

Aufgabe 46
Welche Kostenart ist kein Bestandteil der Herstellkosten?

A	Verwaltungsgemeinkosten.
B	Materialkosten.
C	Fertigungslöhne.
D	Sondereinzelkosten der Fertigung.
E	Fertigungslöhne

Aufgabe 47
Führen Sie die Maschinenstundensatzrechnung durch:

Arbeitszeit: 52 Wochen zu je 40 Stunden
Ausfallzeit: 580 Stunden im Jahr
Anschaffungskosten der Maschine: 120.000 €
Wiederbeschaffungskosten: 150.000 €
Die Maschine wird linear abgeschrieben
Nutzungsdauer der Maschine voraussichtlich   10 Jahre
Zinssatz für langfristig gebundenes Kapital   8%
Raumbedarf der Maschine   20 qm
Verrechnungssatz   15 €/qm und Monat
Die installierte Leistung beträgt   60 Kilowattstunde/Stunde
Strompreis   0,35 €/kWh

1) Berechnen Sie den Maschinenstundensatz
2) Was passiert, wenn sich die Nutzungsdauer auf 8 Jahre verkürzt?

Aufgabe 48
Auf einer Kaltbandstraße wird ausschließlich Walzstahl der Profile A und B gefertigt. Die Kosten der Kaltbandstraße sind sowohl von den Maschinenzeiten als auch von den Umrüstzeiten abhängig. Im Monat Mai wur-

den 170 Umrüststunden gemessen. (Die Umrüstung erfolgt immer von Profil A auf Profil B und umgekehrt.) Die Kalkulationssätze betragen 30,60 € pro Maschinenstunde und 15,60 € pro Umrüststunde. Im gleichen Monat wurden 1.500 Meter Walzstahl Profil A und 2.700 Meter von Profil B gefertigt. 1 Meter Profil A erfordert 5 Maschinenminuten Profil B dagegen 10 Maschinenminuten.

Welche Aussagen sind richtig:

I.

A	Die Verrechnung der Umrüstkosten erfolgt am besten zu gleichen Teilen auf A und B.	
B	Die gesamten Herstellkosten für Profil **B** betragen 16.422 €.	
C	Die Verrechnung der Umrüstkosten erfolgt am besten auf der Basis der Produktionsmenge (Meter Walzstahl).	
D	Die Verrechnung der Umrüstkosten erfolgt am besten auf der Basis der in Anspruch genommenen Maschinenminuten.	
E	Die gesamten Herstellkosten für Profil **A** betragen 6.477 €.	

II.

A	Die gesamten Herstellkosten für Profil **B** betragen 15.475 €.	
B	Die gesamten Herstellkosten für Profil **B** betragen 12.550 €.	
C	Die gesamten Herstellkosten für Profil **B** betragen 15.096 €.	
D	Die gesamten Herstellkosten für Profil **A** betragen 5.151 €.	
E	Die gesamten Herstellkosten für Profil **A** betragen 3.150 €.	

Aufgabe 49

Die FAHR-LÄSSIG-AUTOMOBIL AG will ab April 1991 zusätzlich zu den bisherigen Modellen jährlich 3.000 Stück des neuen Fahrzeugtyps "Ozona" produzieren. Im Rahmen einer Vorkalkulation sollen für das neue Modell die Herstellkosten pro Stück berechnet werden. Sie werden gebeten, die bereits begonnene Berechnung zu Ende zu führen!

Bisher sind Herstellkosten von 6.613,25 € pro Stück errechnet, allerdings sind die Produktionsbereiche Blechverarbeitung und Karosserieschweißen noch nicht einbezogen worden.

Die Blechverarbeitung findet in einer hochmodernen Großtransfer-Pressenstraße statt. Ein hochkompliziertes Werkzeugwechselsystem sorgt dafür, dass Maschinenstandzeiten der Vergangenheit angehören.

Anschaffungskosten:	€ 12.278.265,07
Preissteigerung p.a.:	5%
Abschreibungsverfahren:	linear
betriebsindiv. Nutzungsdauer:	10 Jahre
täglicher Betrieb:	2 Schichten à 8 Std.
Kapazitätsauslastung:	100%
Fertigungszeit je PKW:	30 Minuten
Laufzeit pro Jahr:	250 Tage
Instandhaltungskosten pro Jahr:	40 % der Abschreibung
Stromverbrauch pro Jahr:	1.000.000 kwh à 12 Pf.
Kosten für Hilfsstoffe pro Jahr:	€ 600.000,00
Fertigungslohn pro Jahr:	€ 2.400.000,00

Im Bereich Karosserieschweißen werden von 272 Robotern und 52 Schweißpressen in beliebiger Reihenfolge die Einzelteile von Karosserien zusammengebaut.

Anschaffungskosten je Roboter:	€ 373.629,09
Anschaffungskosten je Presse:	€ 523.080,72
Preissteigerung p.a.:	6%
betriebsindiv. Nutzungsdauer:	5 Jahre
täglicher Betrieb:	2 Schichten à 8 Std.
Kapazitätsauslastung:	100%
Fertigungszeit je PKW:	25 Minuten
Laufzeit pro Jahr:	250 Tage
Maschinenstandzeit je Std.:	10 Minuten
Reparaturen pro Jahr:	€ 1.000.000,00
Stromverbrauch pro Jahr:	700.000 kWh à 12 Pf.
Kosten für Hilfsstoffe pro Jahr:	€ 210.000,00
Fertigungslohn pro Jahr:	€ 1.400.000,00

Aufgabe 50

Für die Herstellung von Bleistiften müssen 2 Produktionsstufen durchlaufen werden.

Auf der ersten Produktionsstufe wird eine Maschine eingesetzt, deren jährliche Abschreibung 60.000.- € beträgt. Das durchschnittlich gebundene Kapital beträgt 147.000.- €. Das Unternehmen rechnet mit einem Kalkulationszinsfuß von 10%. Die laufenden Betriebskosten betragen für Strom 5 kWh zu 0,10 €/kWh und für Kühl- und Schmierstoffe 32.- €/Tag. Die tägliche Wartung erfordert eine Stunde. Dafür wird ein Mitarbeiter benötigt, der einen Stundenlohn von 28.- € erhält, sowie Reinigungsmaterial und sonstige Teile in Höhe von 34.- €. Für Wagnisse, Versicherungen, Steuern usw. kalkuliert die Unternehmung jährlich 800.- €. Die Fertigungseinzelkosten in der Produktionsstufe 1 betragen 20.- € pro Stunde. Die Maschine läuft 8 Std. pro Tag an 250 Arbeitstagen. Pro Stunde können 1.000 Bleistifte hergestellt werden.

In der Produktionsstufe 2 fallen Fertigungseinzelkosten von 0,01 € pro Stück an, der Gemeinkostenzuschlagssatz dieser Stelle beträgt 200% auf die Fertigungseinzelkosten dieser Stufe. Die Materialeinzelkosten betragen 0,04 € pro Mengeneinheit. Der Materialkostenzuschlagssatz von 25% ist bezogen auf die Materialeinzelkosten.

An Verwaltungsgemeinkosten werden 25%, an Vertriebsgemeinkosten 12,5% auf die Herstellkosten kalkuliert.

a) Ermitteln Sie den Maschinenstundensatz in der Fertigungsstufe 1.

b) Wie hoch sind die kalkulierten Selbstkosten unter der Annahme, dass der Maschinenstundensatz 60,-- € beträgt.

Aufgabe 51

Für eine Anlage ist der Maschinenstundensatz unter Berücksichtigung folgender Angaben zu ermitteln:

Arbeitszeit:	52 Wochen zu je 38,5 Std.
Ausfallzeit durch Störungen:	125 Std./Jahr
(Stromausfall, Maschinenschäden, Wartungen)	
Betriebsurlaub:	2 Wochen
Anschaffungskosten der Maschine:	450.000 €
Wiederbeschaffungskosten:	480.000 €
Abschreibungsverfahren:	linear
Nutzungsdauer:	8 Jahre

Kalkulatorischer Zinssatz: 8%
Instandhaltungskosten über alle Perioden: 12% der Anschaffungskosten
Kosten für Wartungsdienste nach jeweils 600 Betriebsstunden: 810 €
Raumbedarf der Anlage: 30 qm
Verrechnungssatz je qm: 8,50 € pro Monat
Energiekosten: 0,18 €/kWh
Durchschnittlich in Anspruch genommene Leistung: 40 kWh

Markieren Sie die richtigen Aussagen

I.

A	Die Gesamtlaufzeit beträgt 1.877 Stunden.	
B	Für die Wartung müssen 3.240 € angesetzt werden.	
C	Die kalkulatorischen Zinsen werden auf Basis von Wiederbeschaffungspreisen berechnet.	
D	Zur Ermittlung des Maschinenstundensatzes werden die maschinenabhängigen Gemeinkosten und die Restfertigungsgemeinkosten durch die Maschinenlaufzeit dividiert.	
E	Für die kalkulatorischen Abschreibungen werden Wiederbeschaffungspreise angesetzt, wenn die Substanzerhaltung das Ziel ist.	

II.

A	Eine Verlängerung der Abschreibungsdauer von 8 auf 10 Jahre, würde den Maschinenstundensatz erhöhen.	
B	Der Maschinenstundensatz beträgt 52,55 €/Std.	
C	Ein Produkt das eine Bearbeitungszeit von 0,5 Std. auf der hier betrachteten Maschine benötigt, wird mit 28,67 € kalkuliert.	
D	Die Energiekosten belaufen sich auf 7,20 € pro Maschinenstunde	
E	Die gesamten maschinenabhängigen Gemeinkosten betragen 103.200 €.	

Aufgabe 52

Der BAB eines Industriebetriebes weist folgende Gemeinkosten aus:

Material	Fertigung			Verwaltung	Vertrieb
	Maschine A	Maschine B	Rest-FGK		
375.000	216.000	175.000	198.000	643.610	351.060

An Einzelkosten entstanden:
- Fertigungsmaterial   4.687.500,-- €
- Fertigungslöhne   180.000,-- €

Die Laufzeit der einzelnen Maschinen betrug:

Maschine A   2.250 Stunden
Maschine B   1.400 Stunden

Bestandsminderungen: 19.500,-- €

Welche Aussagen sind richtig?

I.

A	Der Zuschlagssatz für die **Restfertigungsgemeinkosten** beträgt 110%.	
B	Der Zuschlagssatz für die **Materialgemeinkosten** beträgt 125%.	
C	Der Zuschlagssatz für die **Materialgemeinkosten** beträgt 8%.	
D	Der Zuschlagssatz für die **Maschine A** beträgt 5%.	
E	Der Zuschlagssatz für die **Restfertigungsgemeinkosten** beträgt 80%.	

II.

A	Der Maschinenstundensatz der Maschine **A** beträgt 96 €/Std.	
B	Der Maschinenstundensatz der Maschine **B** beträgt 125 €/Std.	
C	Der Zuschlagssatz für die gesamten **Fertigungsgemeinkosten** beträgt 13%.	
D	Der Maschinenstundensatz der Maschine **A** beträgt 140 €/Std.	
E	Der Maschinenstundensatz der Maschine **B** beträgt 196 €/Std.	

III.

A	Der Zuschlagssatz für die **Vertriebs**gemeinkosten beträgt 6%.	
B	Der Zuschlagssatz für die **Vertriebs**gemeinkosten beträgt 36%.	

C	Der Zuschlagssatz für die **Verwaltungs**gemeinkosten beträgt 11%.	
D	Der Zuschlagssatz für die **Verwaltungs**gemeinkosten beträgt 54%.	
E	Die gesamten **Herstellkosten der Produktion** betragen 5.831.500 €.	

Ermitteln Sie weiterhin den Selbstkostenpreis eines Produktes, dessen Herstellung die Maschine A 12 Minuten, die Maschine B 6 Minuten in Anspruch nimmt. Folgende weitere Angaben sind dazu gegeben:

Fertigungsmaterial 38,-- €

Fertigungslöhne 19,50 €

IV.

A	Die **maschinenabhänigen** Gemeinkosten der Maschine **A** für dieses Produkt betragen 19,20 €.	
B	Der **Vertriebsgemeinkostenzuschlag** für dieses Produkt beträgt 7,84 €.	
C	Die **Herstellkosten** für dieses Produkt betragen 113,69 €.	
D	Die **Selbstkosten** für dieses Produkt betragen 133,02 €.	
E	Der **Verwaltungsgemeinkostenzuschlag** für dieses Produkt beträgt 5,18 €.	

Aufgabe 53

Die Firma Bausteinbrüche Hauer GmbH. stellt zum 31.12.2000 folgende Gewinn- und Verlustrechnung auf:

Aufwendungen		Erträge	
Löhne und Gehälter	72000	Erlöse	120800
Sozialaufwendungen	10200	Zinserträge	2760
Instandhaltungsaufwendungen	600	außerordentliche Erträge	4042
Fuhrparkaufwendungen	5600		
außerordentliche Aufwendungen	2760		
Abschreibungen auf Steinbruch	4000		
sonst. Abschreibungen	4500		
Hilfsstoffverbrauch	8300		
Energieaufwendungen	7200		
Gewinn und Gewinnvortrag	12442		
	127602		127602

Das Unternehmen erzeugte 2000 in seinem Steinbruchbetrieb:

Erzeugnis 1	Bruchsteine (Mauersteine)	5.200 m³
Erzeugnis 2	Schroppen (größere Abfallsteine)	2.300 m³
Erzeugnis 3	Splitt (kleinere Abfallsteine)	900 m³

Ermitteln Sie die Selbstkosten der Kuppelprodukte! Dabei sind folgende Hinweise zu beachten:

(1) Die kalk. Abschreibungen sind auf folgende Angaben zu errechnen: das Steinbruchgelände wurde vor Jahren zu 3.- € pro m² erworben; es ist 200m lang und 100m breit. Die abzubauende Steinschicht hat eine Stärke von 12m. Der Abbau im Jahr 2000 betrug 8.400 cbm.

(2) Bestandsveränderungen bleiben wegen Geringfügigkeit außer Ansatz.

(3) Für die spezielle Verladetechnik fallen bei den Bruchsteinen ein Block von Einzelkosten (40.785 €) an. Der Rest der Kosten sind Kuppelkosten aller drei Produktarten. Diese Kosten sind nach einem erprobten, dem Arbeitsablauf entnommenen Beanspruchungsverhältnis 5:2:1 auf die Erzeugnisse 1, 2 und 3 zu verteilen.

Aufgabe 54

In einem Stahlwerk wird Roheisen zu Stahl veredelt. Von diesem Hauptprodukt werden insgesamt 140 Tonnen produziert und abgesetzt. Bei der Roheisenschmelze fällt das Nebenprodukt Schlacke in Höhe von 16 Tonnen an, die zu (ebensoviel) Dünger weiterverarbeitet wird. Der Dünger wird für 1,50 € pro Kilogramm verkauft, wobei Vertriebskosten von 0,50 € pro Kilogramm eingerechnet sind. Die Kosten der Roheisenschmelze betragen insgesamt 184.000 €. Die Kosten des Stahlvertriebs betragen insgesamt 21.000 €. Weitere Kosten fallen nicht an.

a) Wie hoch sind die Herstellkosten für eine Tonne Stahl?

b) Wie hoch sind die Selbstkosten für eine Tonne Stahl?

Aufgabe 55

Ein Betrieb der chemischen Industrie produziert in einem einstufigen Kuppelprozess die Produkte A, B und C. Aus einer Tonne des Einsatzstoffes E1 und drei Tonnen des Einsatzstoffes E2 entstehen die folgenden Hauptprodukte zwangsläufig in den folgenden Mengen: 2t von A, 1t von B, 1t von C.

Das Produkt E1 wird zum Preis von 15 €/t und das Produkt E2 zum Preis von 20 €/t gekauft.

Für den Kuppelprozess betrugen in der letzten Periode die MGK 5.750 €, die FGK 10.000 € und die Fertigungslöhne 5.250 €.

Bis zur Absatzreife entstehen für das Produkt A Veredelungskosten in Höhe von 150 €/t und für das Produkt C Kosten in Höhe von 50 €/t.

Abgesetzt wurden in der letzten Periode von:

A: 140 t zu 500 €/t

B: 70 t zu 150 €/t

C: 70 t zu 100 €/t

(1) Ermitteln Sie die Summe der Kuppelprozesskosten

(2) Ermitteln Sie nach der Marktpreismethode:

a) die Herstellkosten pro Sorte von A,B,C

b) die Herstellkosten pro Tonne von A,B,C

(3) Erläutern Sie kurz warum die Kostenverteilung mit der Marktpreismethode nur eine Näherungslösung darstellt.

Aufgabe 56

In einem Kuppelprozess werden aus einem Rohstoff M drei Produkte A,B,C hergestellt. Wird eine Tonne von M verarbeitet, so entstehen gleichzeitig 0,2 t von A, 0,4 t von B und 0,4 t von C. Die Betriebskosten der Anlage betragen 1.000 € je verarbeiteter Tonne des Einsatzstoffes M. Insgesamt werden 150 t verarbeitet, wobei als Bezugspreis 2.000 €/t anfallen. Für Produkt C fallen Vernichtungskosten von 50 €/t an. Herr Sanft, der Leiter der Controlling-Abteilung, legt für die Verteilung der Kosten der Kuppelproduktion Äquivalenzziffern von 1,5 für A und 1,3 für B fest.

Produkt A durchläuft vor dem Verkauf eine Wiederaufbereitungsanlage. Die Fertigungsdauer beträgt 10 Std. pro Tonne bei einem Kostensatz von 150 € pro Fertigungsstunde. Die Verwaltungs- und Vertriebskosten werden mit 10% der Herstellkosten berechnet. Kalkulieren Sie die Herstell- und die Selbstkosten pro Tonne der Absatzprodukte.

Aufgabe 57

Ein Recyclingunternehmen kauft Getränkekartons zu einem Preis von 5,10 € pro Tonne auf, um Sekundärrohstoffe zu gewinnen. Hierzu werden die Getränkekartons in einem Klärwerk aufgelöst. Anschließend lassen sich folgende Sekundärrohstoffe abspalten (Output pro Tonne Getränkekartons):

58 % Zellstoff insgesamt, davon 75 % hochwertige, lange Zellstoffasern,

11 % Aluminium,

23 % Polyethylen,

8 % Füllstoffe.

Der Zellstoff wird zu einem Preis von 70,-- € pro Tonne an einen Hygienepapierhersteller geliefert, für dessen saugfähige und reißfeste Produkte nur die hochwertigen, langen Fasern geeignet sind. Bei der Trennung der hoch- von den minderwertigen Fasern entstehen Kosten von 1,50 € pro Tonne Zellstoff insgesamt. Der minderwertige Zellstoff wird vom Recyclingunternehmen ohne zusätzliche Kosten entsorgt.

Für das Nebenprodukt Aluminium konnte ein Abnehmer gefunden werden, der 76,-- € pro Tonne zahlt.

Zur Entsorgung des Polyethylens wird dieses zu rieselfähigem Granulat verdichtet und danach an einen Eimer-Hersteller abgegeben. Allerdings muss vom Recyclingunternehmen ein Betrag von 60,- € pro Tonne rieselfähigen Granulats zugezahlt werden. Bei der Verdichtung, die ohne Gewichtsverlust erfolgt, fallen Kosten in Höhe von 3,-- € pro Tonne Polyethylen an.

Für die nicht zu vermarktenden Füllstoffe entstehen Deponiekosten in Höhe von 12,50 € pro Tonne Füllstoff.

Monatlich werden 940 Tonnen Getränkekartons verarbeitet, wobei für die Kostenstelle Klärwerk folgende Kosten entstehen:

- Abschreibung   5.355,-- €,

- Löhne   6.380,-- €,

- Wasser/Chemikalien 5.450,-- €,

- kalk. Zinsen   1.420,-- €.

a) Wie hoch sind die monatlichen Kosten des Kuppelprozesses?

b) Nehmen Sie an, die Kosten des Kuppelprozesses betragen 18.854,05 € (legen Sie ansonsten die oben genannten Daten zugrunde), wie hoch sind dann die Herstellkosten pro Tonne hochwertigen, langfaserigen Zellstoffs?

c) Legen Sie Ihre Berechnungen aus Aufgabenteil b) zugrunde (Kosten des Kuppelprozesses 18.854,05 €; ansonsten oben genannte Daten)! Auf welchen Betrag darf der Aluminiumpreis fallen, damit das Unternehmen - unter sonst gleichen Bedingungen - weder einen Betriebsgewinn noch einen Betriebsverlust erwirtschaftet?

Aufgabe 58

Beantworten Sie folgende Fragen zur Kuppelkalkulation:

A	Die **Verteilungsrechnung** für mehrere Hauptprodukte hat ihre Berechtigung bei der Ermittlung von Herstellungskosten nach Handelsrecht.	
B	Die Verteilungsrechnung basiert auf dem Tragfähigkeitsprinzip.	
C	Der in der Restwertrechnung ermittelte Restwert stellt verursachungsgerecht zugeordnete Kosten des Hauptproduktes dar.	
D	Je höher der erzielte Preis für ein Nebenprodukt ist, desto höher wird der in der Restwertrechnung zugewiesene **Restwert des Hauptproduktes.**	
E	Je höher die Entsorgungskosten eines **Abfallproduktes** sind, desto höher wird der in der Restwertrechnung dem **Hauptprodukt zugewiesene Restwert.**	

Aufgabe 59

Die Höherofen AG ist Betreiberfirma eines Hochofens zur Erzeugung von Roheisen. Im Zuge von Modernisierungsmaßnahmen sollen Sie als externer Gutachter die Kosten pro Tonne Roheisen bei einem bisher noch nicht verwendeten Hochofentyp errechnen. Dazu werden Ihnen folgende Daten über die Erzeugung von Roheisen zur Verfügung gestellt:

Der Hochofen ist ganzjährig und rund um die Uhr im Betrieb. Er wird schichtweise mit Möller (ein Erz-Gesteingemisch), Zuschlägen (Kalk zur Bildung von leichtflüssiger Schlacke) und Koks beschickt. An einem Tag können von dem mittelgroßen Hochofen rund 5.000 t Roheisen erzeugt werden. Dazu wird Erz mit einem Eisengehalt von 50% eingesetzt. Man benötigt rund 800 kg Koks und Kalk pro erzeugte Tonne Roheisen. Der Hochofen wird von außen zur Erhöhung der Lebenszeit mit 40 m^3 Wasser pro Tonne Roheisen gekühlt. Der Preis pro Kubikmeter Wasser beträgt € 2,-

Das Koks-Kalkgemisch wird von dem Unternehmen aus der eigenen Kokerei gewonnen und müsste zur Kostendeckung auf dem Markt zu € 450,- pro Tonne verkauft werden. Das Eisenerz wird in einem Steinbruch in der Nähe gewonnen und für € 250,- pro Tonne erworben.

Für jede produzierte Tonne Roheisen fallen 1.200 kg Schlacke an. Der Rest geht durch die außerordentlich hohen Temperaturen von bis zu 1.500°C in Gasform verloren. Die Kosten für die Reinigung dieses Gases betragen € 50.000,- pro Tag. Die Schlacke wird zu Eisenbahnschotter und Straßenbelag verarbeitet. Dafür entstehen Kosten von € 50,- pro Tonne. Jede Tonne kann für € 90,- abgesetzt werden. Die Löhne und Nebenkosten betragen täglich € 40.000,-. Für anderes Hilfsmaterial fallen täglich € 10.000,-. Die kalkulatorischen Abschreibungen (linear, erwartete betriebsindividuelle Nutzungsdauer 10 Jahren) und die kalkulatorischen Zinsen (Durchschnittswertmethode, Zinssatz 10%) beziehen sich auf die Anschaffungskosten in Höhe von € 219.000.000,-.

Aufgaben 60

Welches Kalkulationsverfahren kommt bei den nachfolgend beschriebenen Fertigungsverfahren zur Anwendung?

I.

Zur Herstellung von Zement muss zunächst das Rohmaterial gefördert werden. In der Aufbereitung entsteht daraus Zementmehl, das anschließend zu Klinker gebrannt wird. Der Klinker wird unter Zugabe von Gips zu Zement zermahlen und vermischt. Dabei können Bestandsveränderungen bei den Zwischenprodukten und dem Endprodukt auftreten.

A	Einstufige Divisionskalkulation?	
B	Mehrstufige Divisionskalkulation ?	
C	Äquivalenzziffernkalkulation ?	
D	Zuschlagskalkulation ?	
E	Kuppelkalkulation nach dem Verteilungsverfahren?	

II.

Eine Ziegelei stellt Backsteine, Klinker und Dachziegel her. Die Kostenhöhe der einzelnen Produkte wird vor allem durch die für die Steine unterschiedlichen, aber konstanten Brenndauern beeinflusst.

A	Äquivalenzziffernkalkulation ?	
B	Mehrstufige Divisionskalkulation ?	
C	Zuschlagskalkulation ?	
D	Kuppelkalkulation nach dem Restwertverfahren ?	
E	Kuppelkalkulation nach dem Verteilungsverfahren ?	

III.

In einer Raffinerie entstehen zwangsläufig im Produktionsprozess das Hauptprodukt Heizöl sowie die Nebenprodukte Teer und Gas.

A	Äquivalenzziffernkalkulation?	
B	Kuppelkalkulation nach dem Restwertverfahren?	
C	Kuppelkalkulation nach dem Verteilungsverfahren?	
D	Mehrstufige Divisionskalkulation?	
E	Zuschlagskalkulation?	

IV.

In einem chemischen Prozess entstehen drei Produkte. Die Prozesskosten werden auf der Basis von Marktwerten auf die Produkte verteilt.

A	Die **Zuschlagskalkulation** ist die geeignete Methode.	
B	Die Kuppelkalkulation nach dem Verteilungsverfahren ist die geeignete Methode.	
C	Die mehrstufige Divisionskalkulation ist die geeignete Methode.	
D	Die Verwendung von Marktwerten (=Marktpreisen) führt zu einer Kostenverteilung **entsprechend dem Umsatz** der drei Produkte.	
E	Die Kuppelkalkulation nach dem Restwertverfahren ist die geeignete Methode.	

V.

Ein Unternehmen hat ein sehr heterogenes Produktionsprogramm, in dem die Produktarten produktionstechnisch verwandt sind und eine unterschiedliche Kostenstruktur aufweisen.

A	Äquivalenzziffernkalkulation?	
B	Mehrstufige Divisionskalkulation?	
C	Zuschlagskalkulation?	
D	Kuppelkalkulation nach dem Restwertverfahren?	
E	Kuppelkalkulation nach dem Verteilungsverfahren?	

Aufgabe 61

I. Welche Aussagen zu den Kalkulationsmethoden sind **richtig**?

A	Um die Äquivalenzzifferkalkulation anwenden zu können, müssen die Erzeugnisse **artgleich** sein und in einem **festen** Kostenverhältnis zueinander stehen.	
B	um die **mehrstufige** Divisionskalkulation anwenden zu können, darf zwischen den Produktionsstufen **keine** Mengeneinsatzänderung und **kein** Ausschuss gegeben sein.	

C	in der Vorkalkulation werden die Selbst- und Herstellkosten auf der Grundlage von **erwarteten** Mengen und Preisen ermittelt.	
D	Die einstufige Divisionskalkulation kann auch in Unternehmen mit mehreren Erzeugnissen Anwendung finden, wenn auf **getrennten, parallelen** Fertigungsanlagen produziert wird.	
E	Die Kuppelkalkulation findet dort ihre Anwendung, wo aus demselben Produktionsprozess technisch **zwangsläufig** mehrere verschiedene Erzeugnisse hervorgehen.	

II. Welche Aussagen zu den Kalkulationsmethoden sind falsch?

A	Die mehrstufige durchwälzende Divisionskalkulation liefert Informationen für Entscheidungen über die Fertigungstiefe.	
B	Bei der Äquivalenzziffernrechnung muss die Hauptsorte immer die Äquivalenzziffer 1 erhalten, um eine Normierung durchführen zu können.	
C	Kostenträger im Unternehmen sind grundsätzlich alle im betrieblichen Produktionsprozess erstellten Produkte, also auch die intern verwendeten Verbrauchs- und Investitionsgüter.	
D	Je höher der Anteil der Fertigungslöhne an den Fertigungskosten wird, desto wichtiger wird eine Maschinenstundensatzrechnung.	
E	Die Herstellkosten der Produktion und die des Umsatzes unterscheiden sich durch die Lagerbestandveränderungen.	

Aufgabe 62
Welche der folgenden Aussagen sind richtig?

A	Wenn ein Unternehmen für betriebseigene Räume kalkulatorische Miete gemäß dem Opportunitätskostenprinzip ansetzt, werden auf diesen Teil des Anlagevermögens weder kalkulatorische Zinsen noch kalkulatorische Abschreibungen berechnet.	
B	Beim Stufenleiterverfahren ist der Verrechnungsfehler bei gegenseitiger Leistungsverflechtung am geringsten, wenn die Kosten derjenigen Hilfskostenstelle zuerst verteilt werden, die kostenmäßig am meisten an andere Hauptkostenstellen liefert.	
C	Die Kalkulation von Kuppelprodukten lässt sich durch keine bekannte Kalkulationsmethode theoretisch richtig lösen.	
D	Die einstufige Divisionskalkulation wird vor allem bei Unternehmen mit Einzelfertigung angewandt.	

| E | Proportionalitätsprinzip und Verursachungsprinzip sind immer identische Kostenzurechnungsprinzipien, weil Einzelkosten immer auch mit der Ausbringungsmenge variieren. | |

Aufgabe 63

In der Geschäftsbuchhaltung des Einzelunternehmers A wurden für einen Monat folgende Erträge und Aufwendungen erfasst:

	in €
Umsatzerlöse	540.000
Minderbestand an fertigen und unfertigen Erzeugnissen	10.000
Andere aktivierte Eigenleistungen	15.000
Erträge aus Anlageverkäufen	3.000
Erträge aus der Auflösung von Rückstellungen	12.000
Erträge aus Beteiligungen	2.000
Aufwendungen für Roh-, Hilfs- und Betriebsstoffe (1)	160.000
Personalaufwendungen	210.000
Soziale Abgaben	40.000
Abschreibungen auf AV (2)	25.000
Mietaufwendungen für gemietete Lagerhalle	800
Spenden	300
Betriebssteuern (3)	18.000
Zinsaufwendungen (4)	3.000
Schadensfälle (tats. Wagnisse) (5)	7.500

Aus der Kosten- und Leistungsrechnung stehen für den gleichen Abrechnungszeitraum folgende Angaben zur Verfügung:

	in €
1) Verrechnungspreise Stoffaufwendungen	185.000
2) kalk. Abschreibungen (monatlich)	20.000
3) In der Position Betriebssteuern ist noch eine Gewerbesteuernachzahlung in folgender Höhe enthalten	10.500
4) kalk. Zinsen (monatlich)	4.500

5) kalk. Wagniszuschläge errechnen sich aus: -Gewährleistungswagnis: -Anlagewagnis: Die Reparaturkosten infolge von Bedienungsfehlern, selbstverschuldeten Unfällen, Explosionen u.a. betrugen in den letzten 8 Jahren insgesamt.	1% der Umsatzerlöse 288.000
6) kalk. Mietwert für betrieblich genutzte Privaträume (monatlich)	1.500
7) kalk. Unternehmerlohn	6.000

Erstellen Sie die Ergebnistabelle!

Aufgabe 64

Der Einzelunternehmer Karl Krank, Berlin, stellt ausschließlich das Medikament "Antistress" her. Im Rahmen der Gesundheitsreform ist das Medikament unter die Festbetragsregelung gefallen. Krank, der vorher einen weitaus höheren Preis veranschlagte, sieht sich gezwungen ebenfalls zum Festpreis anzubieten. Im ersten Monat nach dieser Neuregelung hat das Unternehmen gemäß der untenstehenden Aufstellung einen Verlust von 260.000 € erwirtschaftet.

Prüfen Sie, ob der Verlust - wie Karl Krank vermutet - ausschließlich auf die Verkaufspreissenkung zurückzuführen ist. Führen Sie dazu eine Abgrenzungsrechnung durch.

Die Buchhaltung ermittelt für diesen Monat folgende Aufwendungen und Erträge (in T€):

Materialaufwendungen (1)	600
Personalaufwendungen (2)	450
Minderbestände	200
Abschreibungen (3)	360
Betriebssteuern (4)	100
Zinsaufwendungen	20
Sonstige Aufwendungen (5)	250
Umsatzerlöse	1.500
Aktivierte Eigenleistungen	200
Sonstige betriebliche Erträge (6)	20

Zu den einzelnen Posten stehen weitere Angaben zur Verfügung:

1) Ein Azubi hat eine Eingangsrechnung sofort als Materialaufwand verbucht. Die Rohstoffe befinden sich noch im Lager. Der Rechnungsbetrag beläuft sich auf 11.500 € incl. 15 % Vorsteuer.

2) In den Personalaufwendungen sind Urlaubslöhne in Höhe von 50.000,-- € enthalten. Insgesamt betrage die jährl. Urlaubslöhne 480.000,-- €.

3) Bei der Berechnung der Abschreibungen wurden die steuerlichen Möglichkeiten des Berlinförderungsgesetzes voll ausgeschöpft. Die Wiederbeschaffungspreise des Anlagevermögens werden auf insgesamt 7,2 Mio. € geschätzt. Die durchschnittliche Nutzungsdauer wird mit 10 Jahren veranschlagt.

4) Für die Betriebssteuern des Vormonats ist eine Rückstellung von 50.000 € gebildet worden. Tatsächlich betrug der Anteil des Vormonats 70.000 €.

5) Im Lager befindliche Chemikalien sind verdorben. Eine entsprechende Abschreibung in Höhe von 25.000 € wurde unter der Position betriebliche Aufwendungen ausgewiesen.

6) Die sonstigen betrieblichen Erträge resultieren aus dem Zahlungseingang für eine im Vorjahr ausgebuchte Forderung.

7) Karl Krank würde in einer vergleichbaren Position als Geschäftsführer monatlich 10.000 € verdienen.

Aufgabe 65

Die KOSMOS AG vertreibt unter anderem die Produktlinien ALERT und MAS, für die die kurzfristige Erfolgsrechnung aufzustellen ist.

Produkt	ALERT	ALERTneu	MAS
Absatzpreis	5.- €	7.- €	13.- €
Absatzmengen	20 Mio.Stck	25 Mio.Stck	22 Mio.Stck
Produktionsmengen	22 Mio.Stck	28 Mio.Stck	24 Mio.Stck
Materialeinzelkosten	11 Mio.	15,4 Mio.	16 Mio.
Fertigungseinzelkosten	11 Mio.	19,6 Mio.	19,2 Mio.
Sondereinzelkosten der Produktion	8 Mio.	12 Mio.	23 Mio.

Die beiden Produkte der ALERT Gruppe werden in einer Kostenstelle ALERT produziert mit Fertigungsgemeinkosten von 15,3 Mio. €. In der Kostenstelle "Zentraler Vertrieb" fielen 13,69 Mio. € Kosten an. Materialgemeinkosten und Verwaltungsgemeinkosten werden den beiden Produktlinien nicht zugerechnet.

(a) Stellen Sie die kurzfristige Erfolgsrechnung nach dem UKV pro Produkt in Staffelform auf. Bitte rechnen Sie in Mio. € auf zwei Nachkommastellen genau.

(b) Stellen Sie die kurzfristige Erfolgsrechnung nach dem GKV pro Produkt in Staffelform auf.

(c) Wie groß ist der Unterschied beim Erfolg?

(d) Fassen Sie die Vor- und Nachteile des GKV gegenüber dem UKV zusammen

Aufgabe 66
Die Firma Künstlerbedarf Bernd GmbH stellt Metall-Bilderrahmen in drei verschiedenen Größen her. Das Unternehmen ist in vier Fertigungsbereiche eingeteilt:

Im Fertigungsbereich 1 werden die Presspappen auf die entsprechende Größe zugeschnitten. Im Fertigungsbereich 2 werden die Metallumrandungen zugeschnitten, die dann im Fertigungsbereich 3 verschweisst werden. Im Fertigungsbereich 4 werden schließlich die Rahmen komplett zusammengesetzt, wobei fremdbezogene Scheiben verwendet werden.

Im Monat November 1991 wurden die folgenden Mengen produziert und abgesetzt:

	Größe 13x18	*Größe 20x30*	*Größe 80x100*
Produktionsmenge	7.500	15.000	3.000
Absatzmenge	8.000	13.500	3.000
Absatzpreis	15,95 €	22,95 €	59,95 €

Für die drei Produkte entstanden die folgenden Kosten:

Die Materialkostenstelle ermittelt einen Verrechnungspreis von € 4,50 für einen Quadratmeter Presspappe. Jeder Meter Metallumrandung kostet € 6,80. Die fremdbezogenen Scheiben kosten im Format 13x18 € 0,85, im Format 20x30 € 1,35 und im Format 80x100 € 5,40.

In den anderen Kostenstellen entstehen folgende Kosten:
• Fertigungsstelle 1:   € 15.225,--

- Fertigungsstelle 2: € 25.500,--

  Die Kosten werden entsprechend der Schnittlänge den Produkten zugerechnet.

  Die Kosten werden anhand der Anzahl der Schnitte den Produkten zugerechnet.

- Fertigungsstelle 3: € 30.600,--

  Die Kosten sind für alle Rahmengrößen identisch.

- Fertigungsstelle 4: € 36.750,--

  Die Kosten entstehen im Verhältnis 5:2:1 je Produktionseinheit der großen, mittleren und kleinen Rahmen.

- Verwaltung: € 132.833,85
- Vertrieb: € 46.671,35

Die Herstellkosten für die einzelnen Produkte haben sich gegenüber der Vorperiode nicht verändert. Ermitteln Sie das Ergebnis nach dem Umsatzkostenverfahren unter Verwendung einer Kostenstellengliederung. Können aus den gewonnenen Informationen fundierte Aussagen über das künftige Produktionsprogramm getroffen werden?

Aufgabe 67

Zum Bau eines Bürogebäudes werden auf einer Baustelle 6.000 m³ Beton benötigt. Es stehen zwei Alternativen zur Wahl:

1. Alternative **Fremdbezug**: Preis: 114,- € pro m³
2. Alternative **Eigenfertigung**:

Auf-, Abbau- und Transportkosten für die Betonmischanlage:	48.000,- €
Abschreibungen (zeitabhängig) und Zinsen auf die Betonmischanlage:	43.200,- €
Instandhaltung (laufzeitunabhängig) für die Betonmischanlage:	14.400,- €
Lohn für den Maschinisten (fest angestellt)	14.400,- €
Material (Kies, Zement) und Betriebsstoffe	84,- €/m³

Welche Aussagen sind richtig?

A	Alternative Eigenfertigung ist bei 6.000 m³ Beton vorteilhaft.	
B	Bei einer Menge von 4.000 m³ Beton sind beide Alternativen gleichwertig.	

C	Bei einem Preis von 104,- € pro m³ sind beide Alternativen gleichwertig.
D	Ab einer Menge von 6.714 m³ Beton ist Alternative Fremdbezug vorteilhaft.
E	Die Kosten der Eigenfertigung werden bei einem Preis von 94,- € pro m³ gerade gedeckt.

Aufgabe 68
Für ein Erzeugnis erzielt eine Unternehmung einen Preis pro Stück von 25.- €. Die beschäftigungsvariablen Stückkosten für dieses Produkt betragen 15.- €. An Erzeugnisarten-Fixkosten fallen für das Produkt 50.000.- € pro Abrechnungsperiode an.

a) Bei welcher Absatzmenge deckt der Deckungsbeitrag für dieses Erzeugnis gerade die Erzeugnisarten-Fixkosten?

b) Wie hoch ist der Überschuss des Deckungsbeitrags über die Erzeugnisarten-Fixkosten pro Abrechnungsperiode, wenn die Absatzmenge in diesem Zeitraum 8.000 Mengeneinheiten beträgt?

Aufgabe 69
Was sind die Grundsätze ordnungsgemäßer Buchführung?

Aufgabe 70
Wer ist buchführungspflichtig?

Aufgabe 71
Was sind die Bilanzierungsgrundsätze?

Aufgabe 72
Was sind Anschaffungskosten?

Aufgabe 73
Was sind Herstellungskosten?

Lösungen zu Rechnungswesen

Aufgabe 1
I. A
II. B, E

Lösungsweg:

a) *Bilanzgewinn und Betriebsergebnis*

Bilanzgewinn ist das nach rechtlichen Vorschriften innerhalb des Jahresabschlusses ermittelte Jahresergebnis der *Unternehmung* innerhalb einer Periode. Der Jahresabschluss dient primär externen Adressaten (Aktionäre, Gläubiger, u.a.) zur Beurteilung des Unternehmens. Das Betriebsergebnis hingegen, dient der internen Beurteilung und Steuerung der Wirtschaftlichkeit der Leistungserstellung im *betrieblichen* Bereich. Aus dem Bilanzgewinn lässt sich durch Berücksichtigung kostenrechnerischer Korrekturen und den neutralen Aufwendungen und Erträgen das Betriebsergebnis ermitteln und umgekehrt (siehe Kapitel zur Abgrenzungsrechnung).

b) *Zweckaufwand und Grundkosten*

Zweckaufwand und Grundkosten stimmen in ihrer Höhe genau überein. Die Begriffe stammen jedoch aus den verschiedenen Rechensystemen Finanzbuchhaltung (Zweckaufwand) und Kosten- und Leistungsrechnung (Grundkosten).

c) *Ertrag und Umsatz*

Ertrag ist definiert als nach gesetzlichen Regeln bewertete Gütererstellung einer Periode, wobei hierzu sowohl betriebliche als auch neutrale Erträge gehören. Der Umsatz hingegen ist definiert als Erlöse aus dem Verkauf oder der Vermietung von für die gewöhnliche Geschäftätigkeit der Unternehmung typischen Erzeugnissen, Waren und Dienstleistungen innerhalb einer Periode. So führt der Verkauf einer Maschine über Buchwert zwar zu einer Ertragserhöhung, aber nicht zu einer Umsatzerhöhung, da der Verkauf von Produktionsanlagen nicht geschäftstypisch ist.

Aufgabe 2: Nach Zurechenbarkeit ! (E)

Aufgabe 3

Zur Bearbeitung der Aufgabe empfiehlt es sich die Bearbeitung in Einzelabschnitte wie folgt zu unterteilen:

1) Zugang von Holz und damit Ausgabe von 400 €.
2) Bezahlung führt zur Auszahlung von jeweils 200 € im Mai und Juli.
3) Betriebsbedingter Verbrauch des Holzes führt zu Aufwand und Kosten von 400 € im Juli.
4) Zugang von Arbeitsleistung und sonstigen Stoffen führt zu Ausgabe von 250 € bei gleichzeitiger Auszahlung, da alles im selben Monat bezahlt wird. Der betriebsbedingte Verbrauch zieht Aufwand und Kosten von 250 € ebenfalls im Juli nach sich.
5) Verkauf und Lieferung des Tisches 1 führt zu Ertrag, Leistung und Einnahme von 500 € im Juli. Tisch 2 wird im Juli ins Lager eingestellt und darf somit nur zu Herstellungskosten (325 €) bewertet werden. Leistung und Ertrag zusätzlich 325 € je Tisch = (400 € + 250 €) : 2 Tische. Wenn Tisch 2 im August vom Lager genommen und verkauft wird, ist dies Aufwand und Kosten im August (325 €). Gleichzeitig entstehen Einnahmen, Ertrag und Leistung von 500 €.
6) Bezahlung der Tische führt zu Einzahlungen von jeweils 500 € im August und September.

	Mai	Juni	Juli	August	September
Auszahlung	200		200 + 250		
Ausgabe		400	250		
Aufwand			400 + 250	325	
Kosten			400 + 250	325	
Einzahlung				500	500
Einnahme			500	500	
Ertrag			500 + 325	500	
Leistung			500 + 325	500	

Aufgabe 4

Es handelt sich um betriebsfremden Aufwand, da mit der Spende kein betriebswirtschaftlicher Zweck verfolgt wird (D).

Aufgabe 5

1. Da die Batterien nur bestellt wurden, erfolgt noch kein Eintrag.
2. Die Nutzungsrechte am Design gehen mit Lieferung auf die Firma über (Ausgabe), wobei die sofortige Bezahlung zusätzlich zur Auszahlung führt.
3. Die Produktion ist mit (Grund)Kosten [Zweckaufwand] verbunden. Die produzierten Uhren werden zu Herstellkosten aktiviert (Zweckertrag), da sie noch nicht verkauft wurden.
4. Die Lieferung der Batterien führt zur Ausgabe, deren Einbau (Verbrauch) zum Zweckaufwand (betriebsbedingt). Der Verkauf und die Auslieferung der Uhren bedingen eine Einnahme sowie einen Zweckertrag.
5. Die Bezahlung der Batterien führt zur Auszahlung. Wäre ein Feld "Einzahlung" hier vorgesehen, so würde die Bezahlung der Uhren durch die Händler zu einer Einzahlung führen.
6. Das Verschenken der Uhren ist außergewöhnlich und daher neutraler Aufwand. Möglich wäre evt. auch die Teilnahme an der Sendung und die Verlosung als betriebsbedingte geplante Werbemaßnahme zu interpretieren, die dann zu Zweckaufwand und Zusatzleistung führen würde.
7. Die Reklamationen sind außergewöhnlich und damit neutraler Aufwand.
8. Die erforderliche außerordentliche Abschreibung der Uhren im Lager ist neutraler Aufwand.
9. Die Nutzungsrechte an der gemieteten Lagerhalle gehen im Februar zu (Ausgabe), werden im gleichen Monat bezahlt (Auszahlung) und sind zudem betriebsbedingt (Zweckaufwand). Die kalkulatorische Miete für die eigene Lagerhalle wird in den Zusatzkosten erfasst.
10. Die außerplanmäßige Abschreibung der Maschine ist neutraler Aufwand.

	1	2	3	4	5	6	7	8	9	10
Auszahlung		X			X				X	
Ausgabe		X		X					X	
neutraler Aufwand						X	X	X		X
Zweckaufwand			X	X		(X)			X	

Zusatzkosten								X	
Einnahme				X					
Zweckertrag			X	X					
Zusatzleistung					(X)				

Aufgabe 6

1) Gebäude (linear) Abschreibung = $\frac{\text{Wiederbeschaffungspreis}}{\text{tatsächl. Nutzungsdauer}} = \frac{1600}{50} = $ __32 T€__

2) Maschinen (leistungsabhängig):

Abschreibung = $\frac{\text{Wiederbeschaffungspreis}}{\text{Gesamtleistung}} \cdot $ Leistung der Abrechnungsperiode =

$\frac{1.920 \text{ T€}}{100.000} \cdot 10.000 = $ __192 T€__

3) Fuhrpark (linear): Angabe: Preissteigerungsrate von i = 5 % pro Jahr für n = 6 Jahre

=> Wiederbeschaffungspreis (WBP) = Anschaffungspreis * $(1+i)^n$

= $800 * (1+0,05)^6 = 1072,08$ T€

Abschreibung = $\frac{\text{Wiederbeschaffungspreis}}{\text{tatsächl. Nutzungsdauer}} = \frac{1072,08 \text{ T€}}{6} = $ __178,68 T€__

4) Betriebs- und Geschäftsaustattung (BGA) (linear index-orientiert)

Angabe: Preissteigerung im nächsten Jahr ca. 4 %

=> WBP = $400 * (1+0,04) = 416$

=> Abschreibung = $\frac{\text{Wiederbeschaffungspreis}}{\text{tatsächl. Nutzungsdauer}} = \frac{416}{15} = $ __27,73 T€__

Aufgabe 7: Es sind Sondereinzelkosten der Fertigung (B).

Aufgabe 8

a) 01.01.1987 - 31.12.1994 = 8 Jahre

$$\frac{\text{Anschaffungspreis}}{\text{Nutzungsdauer}} = \frac{126.000\ \text{€}}{8\ \text{Jahre}} = 15.750\ \text{€}$$

Die kalkulatorischen Abschreibungen betragen 15.750 €.

b) 6 Jahre = 1+2+3+4+5+6 = 21   1995 entspricht 6 $\frac{149.100\ \text{€}}{21}$ * 6 = 42.600 €

Es werden 42.600 € Abschreibungen angesetzt.

Aufgabe 9

$$\text{Abschreibung} = \frac{\text{Abschreibungsbasis}}{\text{Gesamtleistung}} \bullet \text{Leistung der Periode}$$

Abschreibungsbasis: Anschaffungskosten, da die Maschine zur einmaligen Produktion eines lizensierten Modeartikels dient und deshalb nicht wiederbeschafft werden soll.

Anschaffungskosten:	Anschaffungspreis 1.500 T€
+ Transportkosten	40 T€
+ Montagekosten	30 T€
+ Lizenzgebühren	50 T€
- Schrottwert	100 T€
Anschaffungskosten	1.520 T€

(Die Berücksichtigung des Schrottwertes ist nicht zwingend, da dessen tatsächliche Erzielung i.d.R. ungewiss ist.)

Gesamtleistung: Ausgehend von 10.000 Stück im ersten Jahr um 1.250 Stück abnehmend.

Jahr	Leistung der Periode in Stück	Abschreibung je Stück in €	kalk. Abschreibung pro Jahr in €
1	10.000	33,778	337.777,78

2	8.750	33,778	295.555,56
3	7.500	33,778	253.333,33
4	6.250	33,778	211.111,11
5	5.000	33,778	168.888,89
6	3.750	33,778	126.666,67
7	2.500	33,778	84.444,44
8	1.250	33,778	42.222,22
9	0	33,778	0
Summe	45.000		1.520.000

Abschreibung je Stück = $\frac{1.520.000}{45.000}$ = 33,78 € (gerundet)

Die Produktion erfolgt nur über 8 Jahre. Maßgeblich für die Berechnung der Abschreibung ist die tatsächliche Inanspruchnahme der Maschine für die Produktion des Modeartikels (ausgehend von 10.000 Stück um 1.250 abnehmend und nicht der Maximalausstoß von 11.000 Stück), da sie speziell für dessen Produktion angeschafft wurde. Die Nutzungsdauer von 10 Jahren ist wegen der leistungsabhängigen Abschreibungsmethode nicht von Bedeutung.

Aufgabe 10

WBP = 46.864,30*(1+0,04)^8 = 64.137,03

Abschreibungsbasis:

WBP	64.137,03	
- Restwert	- 6.413,70	(10% des WBP)
	57.723,33	

Summe der 8 Abschreibungsjahre: 1+2+3+4+5+6+7+8 = 36
Summe der verbleibenden Jahre (1994 - 1997) = 4+3+2+1 = 10

$57.723,33 * \frac{10}{36} = 16.034,26$

Der Restwert beträgt 16.034,25 €.

Aufgabe 11

1) **Abschreibung: leistungsabhängig**

Abschreibungen: Basis sind AK = € 320.000 (WBP nicht bekannt)

1. Halbjahr: $\dfrac{AK}{\text{tats. ND}} = \dfrac{320.000}{320.000} = 1{,}00$ €/km

=> Abschreibung: 1,00 €/km * 12.500 km = **12.500,00 €**
=> Restbuchwert Ende 1. Hj.: 320.000 € - 12.500 € = **307.500 €**

2. Halbjahr:
Abschreibungen: 1,00 €/km * 7.500 km = **7.500,00 €**
Restbuchwert 2. Hj.: 307.500 € - 7.500 € = **300.000 €**

2) **Kalkulatorische Zinsen**

1. Halbjahr: Durchschnittswertverzinsung

Bemessungsgrundlage = $\dfrac{AK}{2} = \dfrac{320.000}{2} = 160.000$ €

=> kalk. Zinsen: 160.000 * 10 % = 16.000 €/Jahr
=> für das 1. Hj.: **8.000 €**

2. Halbjahr: durchschnittliche Restwertverzinsung

Bemessungs. = $\dfrac{\text{Anfangsbuchwert} + \text{Endbuchwert}}{2} = \dfrac{307.500 + 300.000}{2} =$ 303.750 €

=> kalk. Zinsen: 303.750 * 10 % = 30.375 €
=> für das 2. Hj.: **15.187,50 €**

Daraus folgt:
1. 1. Halbjahr: Abschreibung: 12.500,-- €
    Restwert: 307.500,-- €
  2. Halbjahr: Abschreibung: 7.500,-- €
    Restwert: 300.000,-- €
2. 1. Halbjahr: 8.000,-- €

2. Halbjahr: 15.187,50 €

Aufgabe 12
A, B, C und D sind richtig.

Aufgabe 13
30% von 25 Mio. € = 7,5 Mio. €
75.000 € = 1% von 7,5 Mio. € →1% von 3 Mio. € = 30.000 €
Die Wagniskosten betragen 30.000 €! Damit sind die Antworten C und D richtig.

Aufgabe 14
Der Vorgang wird als außerordentlicher Aufwand und als Ausgabe erfasst. Also sind C und D richtig.

Aufgabe 15
Gewährleistung und Kulanz sind, Reparaturen sind nicht umsatzabhängig.

Gewährleistung und Kulanz:
  6.400 €/Jahr
+ 2.800 €/Jahr
  9.200 €/Jahr

9.200 €/Jahr sind 2% von (1.380.000 €:3Jahre), d.h. von 460.000 €/Jahr
→ Folgejahr: 2% von 512.400 € = 10.248 € für Gewährleistung und Kulanz.

Reparaturen: einfacher Jahresdurchschnitt: 51.450 € : 6 Jahre = 8.575 €/Jahr

=> Gesamte kalkulatorische Wagniskosten für 1994:
 10.248 €
+ 8.575 €
 18.823 €
Die Wagniskosten betragen 18.823 €.

Aufgabe 16
Das betriebsnotwendige Vermögen wird wie folgt ermittelt:

In T€	⌀ Restwert	
Grundstücke	150	
Gebäude (ohne Verpachtung)	200	= (170+230) / 2
Technische Anlagen	445	= (370+520) / 2
Vorratsvermögen	100	= (50+150) / 2
Forderungen	150	= (100+200) / 2
Wertpapiere	10	= (5+15) / 2
liquide Mittel	5	= (2,5+7,5) / 2
Betriebsnotwendiges Vermögen	1.060	

Dabei werden das Grundstück für den Tennisplatz und das verpachtete Gebäude in die Berechnung nicht mit einbezogen, da diese für die Fortführung des Geschäftsbetriebs nicht benötigt werden. Weiterhin werden die Verbindlichkeiten aus Lieferung und Leistung, bei denen ein Skontoabzug möglich war, als Abzugskapital von dem oben berechneten Betrag abgezogen. Dann ermitteln sich die kalkulatorischen Zinsen wie folgt:

Nicht abnutzbares Anlagevermögen	150 T€
+ abnutzbares Anlagevermögen	645 T€
+ Umlaufvermögen	265 T€
= betriebsnotwendiges Vermögen	**1.060 T€**
- Abzugskapital	- 20 T€
= betriebsnotwendiges Kapital	**1.040 T€**

Betriebsnotwendiges Kapital * Durchschnittszinssatz = 1.040 T€ * 6,5 % = **67.600 €**

Aufgabe 17

Die Aussagen A, C und D sind richtig.

Aufgabe 18

Auflage = 600:

$\quad$ 3.400 = K_f + (150 * 600)k_v

$\quad$ <=> K_f = 3.400 - 90.000k_v

4.300 = K_f + (200 * 600)k_v

<=> K_f = 4.300 - 120.000k_v

Gleichsetzen: --> k_v = 0,03 €

k_v in 1. Gleichung (Auflage = 600) einsetzen: --> K_f = 700

Auflage = 200: 1.700 = K_f + (200 * 200) * 0,03 € <=> K_f = 500

Auflage = 400: 2.400 = K_f + (400 * 150) * 0,03 € <=> K_f = 600

Ergebnistabelle:

Seiten/Skript	200	150	150	200
Auflagenhöhe	200	400	600	600
Gesamtkosten	1.700	2.400	3.400	4.300
fixe Kosten/Auflage	500	600	700	700
Gesamte variable Kosten	1.200	1.800	2.700	3.600.
variable Kosten/Seite	0,03	0,03	0,03	0,03

Die variablen Kosten pro Seite betragen 3 Cent und die auflagenfixen Kosten betragen 500 €.

Aufgabe 19

Kopienzahl	5.000	10.000	20.000	30.000	40.000	50.000
Fixe Gesamtkosten	1.200	1.200	1.200	1.200	2.400	2.400
Variable Gesamtkosten	500	1.000	2.000	3.000	4.000	5.000
Fixe Stückkosten	0,24	0,12	0,06	0,04	0,06	0,048
Variable Stückkosten	0,10	0,10	0,10	0,10	0,10	0,10

1) Ermittlung der Kostenbestandteile

$$+ 5.000$$
5.000 Kopien ------------> 10.000 Kopien
1.700 € ------------> 2.200 €
$$+ 500$$

=> 5.000 zusätzliche Kopien kosten € 500 (variable Gesamtkosten) mehr

=> variable Stückkosten = $\dfrac{500 \text{ €}}{5.000 \text{ Kopien}}$ = 0,10 € je Kopie

An dieser Stelle ist weiterführend zu betrachten, wie sich die variablen Kosten pro Stück entwickeln. So können die variablen Kosten pro Stück aufgrund von Mengenrabatten sinken, oder bedingt durch Überstundenzuschläge mit der Ausbringungsmenge steigen. Alternativ dazu können die variablen Stückkosten aber auch als konstant angenommen werden. Aus Vereinfachungsgründen sollen hier die variablen Stückkosten als konstant angenommen werden.

=> fixe Gesamtkosten = Gesamtkosten - variable Gesamtkosten
= 1.700 € - 500 € = 1.200 €

=> fixe Stückkosten = $\dfrac{\text{fixe Gesamtkosten}}{\text{Anzahl Kopien}}$ = $\dfrac{1.200 \text{ €}}{5.000 \text{ Kopien}}$ = 0,24 € je Kopie

Diese Rechenschritte lassen sich für alle Bereiche durchführen.

2) Sondertatbestand bei Erhöhung der Kopienanzahl von 30.000 auf 40.000

$$+ 10.000$$
30.000 Kopien ----------> 40.000 Kopien => a) variable Stückkosten sind gestiegen?
4.200 € ----------> 6.400 €   b) fixe Kosten sind gestiegen?
$$+ 2.200$$

zu a) Variable Stückkosten sind konstant, weil bei der Erhöhung von 40.000 auf 50.000 Kopien die variablen Stückkosten wieder genauso hoch sind (0,10 €) wie bei einer Anzahl unter 30.000 Kopien.

zu b) Der Anstieg der fixen Kosten ist auf das Auftreten von sprungfixen Kosten zurückzuführen, die durch den modularen Aufbau von Kapazitäten zur Beseitigung von Kapazitätsengpässen entstehen (z. B. Kauf eines neuen Kopierers).

=> Fixe Gesamtkosten bei 40.000 Kopien = Gesamtkosten - variable Gesamtkosten

= 6.400 € - (40.000 Kopien * 0,10 €) = 2.400 €

Also sind folgende Antworten richtig:
I. A, B, C und E.
II. A und B.
III. B und C.

Aufgabe 20

I   20.000   = K_f + 1.250k_v
⇔ K_f = 20.000 - 1.250k_v

II 27.500   = K_f + 1.750k_v
⇔ K_f = 27.500 - 1.750k_v

K_f gleichsetzen:
20.000 - 1.250k_v = 27.500 - 1.750k_v
k_v = 15

k_v in I einsetzen:
K_f = 20.000 - (1.250*15)
⇔ K_f = <u>1.250 €</u>
Die Fixkosten betragen 1.250 €.

Folgende Antworten sind richtig:
I. B und C.
II. A

Aufgabe 21

I Mai: 10.950 $= K_f + 200 k_v$

  $\Leftrightarrow$ K_f $= 10.950 - 200 k_v$

II Juni: 12.000 $= K_f + 270 k_v$

  $\Leftrightarrow$ K_f $= 12.000 - 270 k_v$

K_f gleichsetzen:

  $10.950 - 200 k_v$ $= 12.000 - 270 k_v$

  $\Leftrightarrow$ $k_v = \underline{15\ €}$

Die variablen Kosten pro Stück betragen 15 €.

k_v in I einsetzen:

  $10950 = K_f + 200*15$

  $\Leftrightarrow$ K_f $= \underline{7.950\ €}$

Die Fixkosten betragen 7.950 €. Also sind D und E richtig.

Aufgabe 22

Aussage B ist richtig.

Aufgabe 23

Ätherische Öle (**perm. Durchschnitt**)	Menge (l)	Preis (€/l)	€
Anfangsbestand	800	7,50	6000
Zugang 05.03.	500	6,46	3230

Bestand	1300	7,10	9230
Verbrauch 10.03	400	7,10	2840
Verbrauch 02.05.	600	7,10	4260
Bestand	300	7,10	2130
Zugang 03.06.	900	6,55	5895
Endbestand	1200	6,69	8025

Kamillenblütenstaub (**Fifo**)	Menge (kg)	Preis (€/kg)	€
Anfangsbestand	300	8,50	2550
Verbrauch 18.03.	100	8,50	850
Verbrauch 02.05.	100	8,50	850
Zugang 23.06.	600	9,00	5400
Verbrauch 25.06.	100	8,50	850
	+100	9,00	900
Endbestand	500	9,00	4500

	Methode	Endbestand	Verbrauch
1. Ätherische Öle	perm. Durchschnitt	8.025,--	7.100,--
2. Kamillenblütenstaub	FIFO	4.500,--	3.450,--

Aufgabe 24

	Lifo	Fifo
a) Sinkende Preise	die preiswerteren Güter werden zuerst verbraucht => - Erfolg hoch; - Lagerbestand hoch	die teureren Güter werden zuerst verbraucht => - Erfolg niedrig; - Lagerbestand niedrig

b) Steigende Preise	Die teureren Güter werden zuerst verbraucht => - Erfolg niedrig; - Lagerbestand niedrig	die preiswerteren Güter werden zuerst verbraucht => - Erfolg hoch; - Lagerbestand hoch

Aufgabe 25
LIFO

	Stück	Preis/m²	Bewertung	Verbrauch
Anfangsbestand	10.000	4,80 €	48.000,00 €	
Zugang 05.12.	5.000	5,40 €	27.000,00 €	
Abgang 08.12.	6.000			
davon	5.000	5,40 €	27.000,00 €	27.000,00 €
davon	1.000	4,80 €	4.800,00 €	4.800,00 €
Zwischenbestand	9.000		43.200,00 €	
Abgang 10.12.	4.000	4,80 €	19.200,00 €	19.200,00 €
Zwischenbestand	5.000	4,80 €	24.000,00 €	
Zugang 15.12	10.000	5,90 €	59.000,00 €	
Zwischenbestand	15.000		83.000,00 €	
Abgang 18.12.	10.000	5,90 €	59.000,00 €	59.000,00 €
Zwischenbestand	5.000		24.000,00 €	
Zugang 20.12.	5.000	6,40 €	32.000,00 €	
Zwischenbestand	10.000		56.000,00 €	
Abgang 29.12.	5.000	6,40 €	32.000,00 €	32.000,00 €
Endbestand	5.000	4,80 €	**24.000,00 €**	**142.000,00 €**

Permanenter Durchschnitt

	Stück	Preis/m²	Bewertung	Verbrauch
Anfangsbestand	10.000	4,80 €	48.000,00 €	
Zugang 05.12.	5.000	5,40 €	27.000,00 €	
Zwischenbestand	15.000	5,00 €	75.000,00 €	

Abgang 08.12.	6.000	5,00 €	30.000,00 €	30.000,00 €	
Zwischenbestand	9.000		45.000,00 €		
Abgang 10.12.	4.000	5,00 €	20.000,00 €	20.000,00 €	
Zwischenbestand	5.000		25.000,00 €		
Zugang 15.12	10.000	5,90 €	59.000,00 €		
Zwischenbestand	15.000	5,60 €	84.000,00 €		
Abgang 18.12.	10.000	5,60 €	56.000,00 €	56.000,00 €	
Zwischenbestand	5.000		28.000,00 €		
Zugang 20.12.	5.000	6,40 €	32.000,00 €		
Zwischenbestand	10.000	6,00 €	60.000,00 €		
Abgang 29.12.	5.000	6,00 €	30.000,00 €	30.000,00 €	
Endbestand	5.000	6,00 €	**30.000,00 €**	**136.000,00 €**	

FIFO	**Stück**	**Preis/m²**	**Bewertung**	**Verbrauch**
Anfangsbestand	10.000	4,80 €	48.000,00 €	
Zugang 05.12.	5.000	5,40 €	27.000,00 €	
Zwischenbestand	15.000		75.000,00 €	
Abgang 08.12.	6.000	4,80 €	28.800,00 €	28.800,00 €
Zwischenbestand	9.000		46.200,00 €	
Abgang 10.12.	4.000	4,80 €	19.200,00 €	19.200,00 €
Zwischenbestand	5.000		27.000,00 €	
Zugang 15.12	10.000	5,90 €	59.000,00 €	
Zwischenbestand	15.000		86.000,00 €	
Abgang 18.12.	10.000			
davon	5.000	5,40 €	27.000,00 €	27.000,00 €
davon	5.000	5,90 €	29.500,00 €	29.500,00 €
Zwischenbestand	5.000		29.500,00 €	
Zugang 20.12.	5.000	6,40 €	32.000,00 €	
Zwischenbestand	10.000	6,15 €	61.500,00 €	
Abgang 29.12.	5.000	5,90 €	29.500,00 €	29.500,00 €
Endbestand	5.000	6,40 €	**32.000,00 €**	**134.000,00 €**

Verfahren	Endbestand	Verbrauch
LIFO	24.000	142.000 €
Permanenter Durchschnitt	30.000	136.000 €
FIFO	32.000	134.000 €

Alle drei Verfahren führen zu unterschiedlichen Jahresergebnissen. Ein höher bewerteter Verbrauch führt c.p. zu einem geringeren Jahresüberschuss. Eine hohe Bewertung des Endbestandes führt c.p. durch die Aktivierung zu höheren Erträgen und damit zu einem höheren Jahresüberschuss.

Aufgabe 26
Der Materialverbrauch nach der FIFO-Methode beträgt 17.800 €. Also sind die Aussagen A, C und D richtig.

FIFO :

AB 12.01.:	4*3000	
Zugang 20.01.:	2*2.900	
Verbrauch 01.02.:	3*3.000	= 9.000
Zugang 15.02.:	3*3.100	
Verbrauch 28.02.:	1*3.000	= 3.000
	+ 2*2.900	= 5.800
		17.800,- €

Aufgabe 27: Teilaussage A ist falsch.

Aufgabe 28
Frage 1:

Steuerung des Kosten- und Leistungszusammenhaltes in den verschiedenen Bereichen des Betriebs

- Steuerung von Kosten und Leistungen
- Wirtschaftlichkeitskontrolle, Abweichungsanalysen
- Möglichst verursachungsgerechte Zuordnung der Gemeinkosten zu den Kostenträgern
- Bindeglied
- Durchführung ibL
- Bildung von Zuschlagssätzen

Frage 2:

Hauptkostenstellen: sind unmittelbar an der Produktion von absatzbestimmten Leistungen beteiligt.

Hilfskostenstellen: erbringen hauptsächlich Leistungen für andere Kostenstellen und wirken somit nur mittelbar an der absatzbestimmten Leistungserstellung mit.

Frage 3:

Kostenstelleneinzelkosten sind Gemeinkosten, die direkt einer Kostenstelle zurechenbar sind. (Verursacherprinzip)

Frage 4:

primäre GK: • Kostenstellengemeinkosten/-einzelkosten (aus der Kostenartenrechnung).

              • Kosten durch den Verbrauch innerbetrieblicher Leistungen

sekundäre GK: • Kosten der Hilfskostenstellen, die auf die Hauptkostenstellen verteilt werden (innerbetriebliche Leistungsverrechnung)

Frage 5:

- Mengenschlüssel (Anzahl, Tage, Fläche, Länge, kWh, PS, kg, etc.)
- Wertschlüssel (Lohn, Materialkosten, Herstellkosten, Umsatz, Warenwert, etc.

Frage 6:
Die Verteilung mit Hilfsgrößen ist oft nicht verursachungsgerecht; Ziel: möglichst exakte Schlüsselgrößen verwenden.

Frage 7:

Verrechnungspreis: $\dfrac{1850\ \text{€}}{1550 m^2} = 1{,}1935\ \dfrac{\text{€}}{m^2}$

Kostenstelle	A	B	C	D	Summe
Fläche m^2	341	496	248	465	1550
€/KoSt	407,00	592,00	296,00	555,00	1.850,00

Aufgabe 29

Zu a)

Der neue Kostenstellenplan ist auf die 2 wesentlichen Aufgaben der Kostenstellenrechnung :
1. Wirtschaftlichkeitskontrolle in einzelnen Verantwortungsbereichen
2. möglichst verursachungsgerechte Verrechnung der Gemeinkosten

unter Berücksichtigung der Grundsätze
- des Kosten und Leistungszusammenhangs
- der Identität
- der Eindeutigkeit
- und der Wirtschaftlichkeit

auszurichten.

Im vorliegenden Beispiel handelt es sich um eine Werkstattfertigung von Tresoren. Es ist daher mit einer großen Zahl Produktvarianten zu rechnen, die die gegebenen Fertigungseinrichtungen auf unterschiedlichen Wegen durchlaufen und mit unterschiedlicher Intensität in Anspruch nehmen. Als Kalkulationsverfahren bietet sich in diesem Fall die Zuschlagskalkulation mit der Verwendung von Maschinenstundensätzen an.

Dazu sind für die einzelnen Maschinen die maschinenabhängigen Gemeinkosten in getrennten Kostenstellen zu erfassen. Die Einteilung der Maschinen in Gruppen erfolgt dabei bzgl. der Art und der Höhe der von ihnen erbrachten Leistung:

1. 2 Stanzen
2. 3 Biegeeinrichtungen
3. 1 Schweißautomat 5mm
4. 3 Schweißautomaten 1mm
5. 1 Lackierkammer 20m^2
6. 1 Lackierkammer 40m^2

Hinweis:

Die Zusammenfassung gleichartiger Maschinen in einer Kostenstelle bietet sich aus Gründen der Wirtschaftlichkeit hier an, da das Personal flexibel zugeteilt wird. Bei festen Verantwortlichkeiten für die einzelnen Maschinen könnte unter Kontrollgesichtspunkten eine weitere Unterteilung erfolgen.

Die Bereiche Montage und Betriebsschlosserei sollen als eigene Abrechnungsbereiche bestehen bleiben.

7. Montage
8. Betriebsschlosserei

Die Kostenstellen 1-8 unterstehen einem Meister und werden in der Verdichtungskostenstelle Fertigung zusammengefasst.

Die bisher getrennten Bereiche Buchhaltung, Verwaltung und Geschäftsleitung könnten aus Wirtschaftlichkeitsgründen zusammengefasst werden. Die Kalkulation würde nicht beeinflusst. Bestehen aber getrennte Verantwortlichkeiten für die einzelnen Bereiche, so könnte zur Kostenkontrolle die Trennung beibehalten werden und eine Zusammenfassung in der Verdichtungskostenstelle Verwaltung vorgenommen werden.

9. Buchhaltung

10. Verwaltung

11. Geschäftsführung

Die Kostenstelle Verkauf bleibt erhalten.

12. Verkauf

Bei den bisher aufgeführten Kostenstellen handelt es sich um Hauptkostenstellen. Als Hilfskostenstelle bleibt die Kostenstelle Fuhrpark erhalten.

13. Fuhrpark

Da das Personal flexibel eingesetzt wird, bietet sich die Einführung einer zusätzlichen Hilfskostenstelle Personal an, von der die Personalkosten z.B. nach Stundenzetteln auf die einzelnen Hauptkostenstellen verteilt werden.

14. Personal

Zu b)

Kalkulatorische Abschreibungen:

- Bei den bilanziellen AfA gibt es den Kapitalerhaltungsgedanken, nicht den der Substanzerhaltung wie bei den kalk. Abschreibungen (Höchstgrenze AHK <—> WBP).
- Bei den kalk. Abschreibungen geht man von der betriebsindividuellen ND aus, nicht von der betriebsgewöhnlichen.
- Hinter den bilanziellen AfA steht eine wirtschaftspolitische Zielsetzung, die man im Betrieb nicht anwenden kann.

Kalkulatorische Zinsen:

- Durch die Verwendung kalk. Zinsen ist die Vergleichbarkeit von Betrieben gegeben (Konzerne, ...)
- Kalk. Zinsen sind eine Mindestvorgabe für den Gewinn, weil auch das Eigenkapital "verzinst" wird.
- Vergleich personal- und kapitalintensiver Kostenstellen wird ermöglicht.

Aufgabe 30

Kostenart	Schlüssel	Betrag	Hilfskostenstellen Fuhrpark	Energie	Material	Hauptkostenstellen Fertigung	Verwaltung	Vertrieb
1	dir. Verwaltung	46.200,00					46.200,00	
2	17 €/h	490.875,00	33.660,00	14.025,00	84.150,00	336.600,00		22.440,00
3	dir. Vertrieb	14.200,00						14.200,00
4	60% Fert./40 % Mat.	35.000,00			14.000,00	21.000,00		
5	dir. Vertrieb	15.000,00						15.000,00
6	4,20 €/qm	11.340,00	1.260,00	504,00	2.100,00	5.040,00	756,00	1.680,00
7	dir. Fuhrpark	28.000,00	28.000,00					
8	dir. Fertigung	12.000,00				12.000,00		
9	0,2 €/T€ WBP	1.392,00	240,00	96,00	60,00	840,00	108,00	48,00
10	dir. Verwaltung	8.000,00					8.000,00	
kalk. Miete	dir. Fuhrpark	2.400,00	2.400,00					
kalk. U.lohn	dir. Verwaltung	9.800,00					9.800,00	
kalk. Abschr.	Linear	81.000,00	25.000,00	5.000,00	5.000,00	35.000,00	9.000,00	2.000,00
kalk Zinsen	4,17 €/T€ WBP	29.000,00	5.000,00	2.000,00	1.250,00	17.500,00	2.250,00	1.000,00

Sum-menzeile	Primäre GK	784.207,00	95.560,00	21.625,00	106.560,00	427.980,00	76.114,00	56.368,00

ibL nach dem Anbauverfahren

			Hilfskostenstellen		Hauptkostenstellen			
HiKoStelle	Schlüssel		Fuhrpark	Energie	Material	Fertigung	Verwaltung	Vertrieb
		Primäre GK	95.560	21.625	106.560	427.980	76.114	56.368
Fuhrpark	2,79 €/km		- 95.560	0	9.751	12.676	4.875	68.257
Energie	0,26 €/kwh		0	- 21.625	4.097	15.934	682	910
Summenzeile	primäre+sekundäre GK		0	0	120.408	456.590	81.672	125.535

ibL nach dem Stufenleiterverfahren

Überlegungen zur Anordnung der Hilfskostenstellen Fuhrpark und Energie:

$$700 \text{ km} => \frac{700 \text{ km}}{35.000 \text{ km}} \cdot 95.560 \text{ DM} = 1911,20 \text{ DM}$$

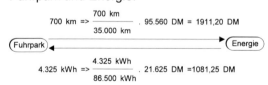

$$4.325 \text{ kWh} => \frac{4.325 \text{ kWh}}{86.500 \text{ kWh}} \cdot 21.625 \text{ DM} = 1081,25 \text{ DM}$$

			Hilfskostenstellen		Hauptkostenstellen			
Hi-KoStelle	Schlüssel		Fuhrpark	Energie	Material	Fertigung	Verwaltung	Vertrieb
		Primäre GK	95.560	21.625	106.560	427.980	76.114	56.368

Fuhrpark	2,73 €/km		- 95.560	1.911	9.556	12.422	4.778	66.892
Energie	0,29 €/kwh		0	-23.536	4.459	17.342	743	991
Summenzeile	primäre+sekundäre GK		0	0	120.575	457.745	81.635	124.251

ibL nach dem Gleichungsverfahren

(1)   K (Fuhrp) = 95560 + 0,05K (Energie)

(2)   K (Energie) = 21625 + 0,02K (Fuhrp)

(1) in (2)   K (Energie) = 21625 + 0,02(95560 + 0,05K (Energie))

            0,999K (Energie) = 21625 + 1911,20

            0,999K (Energie) = 23536,20

(3)   K (Energie) = 23559,76

(3) in (1)   K (Fuhrp) = 95560 + 0,05(23559,76)

            K (Fuhrp) = 95560 + 1177,99

            K (Fuhrp) = 96737,99

(4)   K (Material) = 106560 + 0,1(96737,99) + 0,18(23559,76) = 120474,56

(5)   K (Fertig)= 427980 + 0,13(96737,99) + 0,7(23559,76) = 457047,77

(6)   K (Verw) = 76114 + 0,05(96737,99) + 0,03(23559,76) = 81657,69

(7)   K (Vertrieb) = 56368 + 0,7(96737,99) + 0,04(23559,76) = 125026,98

Von/an	Fuhrpark	Energie	Material	Fertigung	Verwaltung	Vertrieb
Fuhrpark	0%	2%	10%	13%	5%	70%
Energie	5%	0%	18%	70%	3%	4%

Verrechnungspreise	Fuhrpark in €/km	Energie in €/kWh
Anbauverfahren	2,786	0,2632
Stufenleiterverfahren	2,7303	0,2864
Gleichungsverfahren	$\frac{96.737,99}{35.000} = 2,7639$	$\frac{23.559,76}{86.500} = 0,2724$

	Fuhrpark	Energie	Material	Fertigung	Verw.	Vertrieb
a)						
primäre GK:	95.560,--	21.625,--	106.560,--	427.980,--	76.114,--	56.368,--
b)						
prim. +sekundäre. GK:						
1. Anbauverfahren			120.408,--	456.590,--	81.673,--	125.536,--
2. Stufenleiterverfahren			120.576,--	457.745,--	81.635,--	124.251,--
3. Iterationsverfahren			120.474,55	457.047,75	81.657,69	125.026,99
4. Gleichungsverfahren			120.474,56	457.047,77	81.657,69	125.026,98
c)						
Verrechnungspreise:						
1. Anbauverfahren	2,786	0,2632				
2. Stufenleiterverfahren	2,7303	0,2864				
3. Iterationsverfahren	2,7639	0,2723				

4. Gleichungsverfahren	2,7639	0,2723			

Hinweis: Die Berechnungen unter b) erfolgten mit exakten Werten (keine Rundung der Zwischenergebnisse). Die Ergebnisse selbst werden auf ganze €-Beträge gerundet.

Aufgabe 31
Die Kostenstellengemeinkosten werden über einen Verteilungsschlüssel auf die Kostenstellen verteilt. (E)

Aufgabe 32
Allgemein:
Geeignetes Verfahren: Simultane Verrechnung, aufgrund des gegenseitigen Leistungsaustausches zwischen den Hilfskostenstellen

Hier: Gleichungsverfahren

WW lieferte insgesamt
$\quad$ 1.200 m³
$\quad$ 1.700 m³
$\quad$ 8.000 m³
$\quad$ 500 m³
$\quad$ 11.400 m³

E lieferte insgesamt: 22.000 kWh
$\quad$ 50.000 kWh
$\quad$ 129.000 kWh
$\quad$ 11.000 kWh
$\quad$ 212.000 kWh

(1) $\quad$ 11.400p_W = 48.008 + 22.000p_E
(2) $\quad$ 212.000p_E = 28.496 + 1.200p_W
(1a) $\quad$ 11.400p_W − 22.000p_E = 48.008
(2a) $\quad$ −1.200p_W + 212.000p_E = 28.496
(1a) + 9,5*(2a) $\quad$ 1.992.000p_E = 318.720

(3) p_E in (I) p_E Energie = 0,16   => Verrechnungspreis

$11.400 p_W = 48.008 + 22.000 * 0,16 = 51.528$

p_W Wasser = 4,52   => Verrechnungspreis

Gesamtkosten = Primäre GK + Sekundäre GK

$K_{MAT} = 54.000 + 1.700 * p_W + 50.000 * p_E = 54.000 + 7.684 + 8.000$
$= \underline{69.684\ €}$

Die Kostenstelle Material wird mit 69.684 € belastet.

$K_{FERT} = 49.950 + 8.000 * p_W + 129.000 * p_E = 49.950 + 36.160 + 20640$

$= \underline{106.750\ €}$

Die Kosten der Kostenstelle Fertigung betragen 106.750 €.

Richtige Antworten:
I. C, D, und E.
II. A, C und D.
III. E
IV. A, B, D und E.

Aufgabe 33

Simultanes Verfahren (hier: Gleichungsverfahren)

(1) $950 p_D = 4.000 + 150 p_D + 20.000 p_S$

(2) $60.000 p_S = 7.500 + 250 p_D + 10.000 p_S$

(1a) $800 p_D - 20.000 p_S = 4.000$

(2a) $-250 p_D + 50.000 p_S = 7.500$

(3) = 2,5*(1a)+(2a) $1.750 p_D = 17.500$

p_D Dampf = 10 €/t   => Verrechnungspreis

$K_D = 950 * 10 = 9.500\ €$

(4) p_D in (I): 950 * 10 = 4.000 + 150 * 10 + 20.000p_S

p_S = 0,2 €/kWh => Verrechnungspreis Strom

K_S = 60.000 * 0,2 = 12.000 €

Es ergeben sich Gesamtkosten für die Kostenstelle Dampf von 9.500 € und für die Kostenstelle Strom von 12.000 €.

Aufgabe 34
Die Antworten A, B und C sind richtig

Aufgabe 35
A, B und E sind richtig

Aufgabe 36
Alle Antworten außer A sind richtig.

Aufgabe 37

Lösung für jeweils 30 Dosen	A	B	C
Materialeinzelkosten	3,00	4,00	10,00
+ Materialgemeinkosten (10%)	0,30	0,40	1,00
= Materialkosten	3,30	4,40	11,00
Fertigungslöhne I	4,00	4,00	5,00
+ Fertigungsgemeinkosten I (80%)	3,20	3,20	4,00
+ Fertigungslöhne II	8,00	9,00	12,00
+ Fertigungsgemeinkosten II (50%)	4,00	4,50	6,00
+ Fertigungslöhne III	5,80	6,80	4,60
+ Fertigungsgemeinkosten III (18€/Std.) (s.u.)	6,00	7,50	5,40
= Fertigungskosten	31,00	35,00	37,00

Materialkosten	3,30	4,40	11,00
+ Fertigungskosten	31,00	35,00	37,00
= Herstellkosten für jeweils 30 Dosen	34,30	39,40	48,00
Herstellkosten je Dose	1,14	1,31	1,60

Verwaltungsgemeinkosten (20%)	6,86	7,88	9,60
+ Vertriebsgemeinkosten (10%)	3,43	3,94	4,80
= Selbstkosten für jeweils 30 Dosen	44,59	51,22	62,40
Selbstkosten je Dose	1,49	1,71	2,08

Aus den angegeben Prozentsätzen geht hervor, dass es sich bei dieser Kalkulationsart um **Zuschlagskalkulation** handelt, d.h. es müssen jeweils die Einzelkosten der Produktarten als Basis für die Gemeinkosten genommen werden, die sich dann mit Hilfe der %-Sätze errechnen.

Die Fertigungsgemeinkostens III werden in 60steln berechnet, für A also z.B. ~~~~~~~~

Die Verwaltungsgemeinkosten und die Vertriebsgemeinkosten werden jeweils als Zuschlag auf die Herstellkosten (des Umsatzes) gerechnet.

Aufgabe 38

Richtige Antworten:
I. B und E.
II. C und D.
III. A, B und C.
IV. A, C und E.

Rechenweg am Beispiel des Dachfensters:

MEK	146,00
MGK	73,00
	(146*0,5)
FEK	33,00
FGK	+ 79,20 (33*2,4)
HK/Stück	331,20

331,20 €/Stück * 145 Stück = 48.024 € (= HK d.U. gesamt)

Umsatzerlöse (145*625) * 0,96	87.000,00
+ Mehrbestand (20*331,20)	+ 6.624,00
Gesamtleistung	93.624,00
- MEK (165*146 €)	- 24.090,00
- MGK (0,5*24.090 €)	- 12.045,00
- FEK(165*33 €)	- 5.445,00
- FGK(2,4*5445 €)	- 13.068,00
= Vw/VtrGK (s.NR) (0,29*48.024)	- 13.926,96
Betriebsergebnis	25.049,04

Nebenrechnung: HK d.U. Normalfenster:

MEK	109,00
MGK	(109*0,5)
	54,50

FEK   29,00
FGK   69,6   (29*2,4)
HK/Stück 262,10 €/Stück

262,1€/Stück*320 Stück = 83.872€ (= HK d.U. Normalfenster)

HK d. U. DF: 48.024 €
HK d. U. NF: 83.872 €

Zuschlagssatz Vw+VtrGK:

$$\frac{Vw+VtrGK}{Gesamte\ HK\ d.U.} = \frac{38.249,84}{(83.872+48.024)} = 29\ \%$$

Vw+VtrGK DF = 0,29 *48.024 = 13.926,96 (in obige Rechnung einsetzen)

Aufgabe 39
Richtige Antworten:
I.   A und C.
II. C und E.
III. C und D.
IV. C, D und E.

Lösungshinweise:

MEK	28.500
MGK	7.200
FEK	6.900
FGK	17.200
HK d. Prod.	59.800
+ B´minderung	+ 1.600
- B´mehrung	- 2.400

HK d. Umsatzes   59.000

Und weiter ergibt sich:

$$
\begin{aligned}
&59.000 \quad \text{HK d. U.}\\
&6.150 \quad \text{VwGK}\\
&5.310 \quad \text{VtrGK}\\
+&\underline{+3.540} \quad \text{SEK d.Vtr.}\\
&74.000
\end{aligned}
$$

$$\frac{74.000€}{29.600 Stück} = 2,5€ / Stück$$

Aufgabe 40

a)

I. FS	
800.000,00	MEK (2.000t*1 €/t)
2.000,00	MGK 1 €/t
8.000,00	FEK (2.000t*4 €/t)
24.000,00	FGK 300%
834.000,00	HK der I. FS (1800 t)
-231.666,67	Backpflaumen-ind.(500t)
602.333,33	HK der I. FS (1300 t) (*s.u.)

II. FS	
602.333,33	MK aus der I. FS

b)

I. FS	
800.000,00	MEK (2.000t*1€/t)
2.000,00	MGK 1 €/t
8.000,00	FEK (2.000t*4 €/t)
13.888,80	FGK (13.000 + 11,11%)
823.888,80	HK der I. FS (1800 t)
-228.858,00	Backpflaumen-ind.(500t)
595.030,80	HK der I. FS (1300 t) (*s.u.)

II. FS	
595.030,80	MK aus der I. FS

5.200,00	FEK 4 €/t		5.200,00	FEK 4 €/t
8.840,00	FGK 170%		4.040,00	FGK (3.000 + 20%)
616.373,33	HK der II. FS (650 t)		604.270,80	HK der II. FS (650 t)
-118.533,33	Großbäckerei (125t)		-116.205,92	Großbäckerei (125t)
497.840,00	HK der II. FS (525 t) (*s.u.)		488.064,88	HK der II. FS (525 t) (*s.u.)

III. FS			III. FS	
497.840,00	MK aus der II. FS		488.064,88	MK aus der II. FS
131.250,00	MEK 250 €/t		131.250,00	MEK (250 €/t)
315.000,00	MEK (2.100.000 Gläser)		315.000,00	MEK (2.100.000 Gläser)
18.881,80	MGK (2% auf alle MEK)		18.686,30	MGK (2% auf alle MEK)
16.800,00	FEK 32 €/t		16.800,00	FEK 32 €/t
67.200,00	FGK 400%		19.200,00	FGK (15.000 + 25%)
1.046.971,80	Herstellkosten (1050 t)		989.001,18	Herstellkosten (1050 t)

1.046.971,80	Herstellkosten		989.001,18	Herstellkosten
104.697,18	VwGK-Zuschlag 10%		98.900,12	VwGK-Zuschlag 10%
209.394,36	VtGK-Zuschlag 20%		197.800,24	VtGK-Zuschlag 20%
1.361.063,34	Selbstkosten d. Prod.		1.285.701,54	Selbstkosten d. Prod.

0,65	Stückkosten je Glas	0,61	Stückkosten je Glas

* Hier handelt es sich um den Teil der HK aus der jeweiligen Stufe, der als MK in die nächste Stufe eingeht (Wiedereinbringungsmenge).

c)

Mit a) als Basis:
(0,04:0,65) = 6,15%

Mit b) als Basis:
(0,04:0,61) = 6,56%

Anmerkung zu Teilaufgabe a):

Bei dieser Aufgabe ist in Teil (a) zu beachten, dass es sich um die Verarbeitung von 2.000 t mit einem Einkaufpreis von 400,- €/t handelt (und nicht um 1.000 t zu 450,- €/t).
In der III. Fertigungsstufe soll ein Materialgemeinkostenzuschlag von 2% angewendet werden. Dieser ist auf alle Materialeinzelkosten zu berechnen, wobei auch die Wiedereinbringungsmenge aus der II. Fertigungsstufe als Materialkosten zählt. Weiterhin sollte beachtet werden, dass es sich um einen Fruchtanteil von «nur» 50% handelt. Die anderen 50% sind die Zutaten, die in der III. Fertigungsstufe hinzukommen und das Gesamtgewicht dann natürlich auch verdoppeln, so dass 1.050 t übrigbleiben. Diese müssen dann auf entsprechend viele Gläser verteilt werden.

Anmerkung zu Teilaufgabe b):

In Teil (b) muss man die ursprünglichen Zuschlagssätze durch (i) einen Fixkostenanteil und (ii) durch einen variablen Zuschlagssatz, der wiederum auf die Einzelkosten zu beziehen ist, ersetzen.

Beispiel: Fertigungsgemeinkosten in der I. FS:

    a) 300 % auf € 8.000 ergibt € 24.000

    b) 11,11 % auf € 8.000 ergibt € 888,80 zuzüglich € 13.000 fix ergibt € 13.888,80

In Teil (c) muss man das Ergebnis von (a) bzw. (b) ins Verhältnis zu dem jeweils anderen Wert setzen und dann auf 100 beziehen.

    a) in €:   *b) in €:*

HK nach d. 1. Fert.-stufe:	834.000,--	823.888,80
HK nach d. 2. Fert.-stufe:	616.373,33	604.270,80
HK nach d. 3. Fert.-stufe:	1.046.971,80	989.001,18
SK:	1.361.063,34	1.285.701,54
SK/Glas:	0,65	0,61

Aufgabe 41

Richtige Antworten:

I. A, B und D.

II. B, D und E.

III. B und C.

Allgemein:

Stufen I - V:

I. Förderung:

3.000 t Rohmaterial

II. Aufbereiten

der 3.000 t.

Es verbleiben 2.400 t Zementmehl und 600 t Schutt.

400 t des Zementmehls kommen ins Lager.

III. Brennen

der 2.000 t Zementmehl

Es entstehen 1600t Klinker, nach technisch bedingtem Schwund von 400t.

IV. Zermahlen und Mischen (zu Zement)

der 1.600 t Klinker

und von 200 t Klinker zusätzlich

und von 100 t Gips.

Es entstehen 1.900 t Zement.

400 t Zement davon kommen ins Lager.

V. Verkauf

Packen und Verladen der verbleibenden 1.500 t Zement.

Rechenweg:

I: $\dfrac{9.000€}{3.000t} = 3$ €/t

II: $\dfrac{3.000t * 3€/t + 15.000€}{2.400t} = 10$ €/t Zementmehl

III: $\dfrac{2.000t * 10€/t + 30.000€}{1.600\,t} = 31,25$ €/t Klinker

IV: $\dfrac{1.800t * 31,25€/t + 21.175€}{1.900t} = 40,75$ €/t Zement

V: $\dfrac{1.500t * 40,75€/t + 4.125€}{1.500t} =$ 43,50 €/t verkaufter Zement = SK/t verkaufter Zement

400 t	Zementmehl	(Bestandsmehrung):	400 t * 10,00 €/t	= + 4.000 €
200 t	Klinker	(Bestandsminderung):	200 t * 31,25 €/t	= − 6.250 €
400 t	Zement	(Bestandsmehrung):	400 t * 40,75 €/t	= + 16.300 €
				= +14.050 €

Aufgabe 42

1. Aufgabenteil

$\dfrac{900.000}{1.000.000 \cdot 3} = 0,30 \,€$ pro Flasche

2. Aufgabenteil

$\dfrac{800.000}{1000.000 \cdot 3} + \dfrac{100.000}{400.000 \cdot 3} = 0,35 \,€$ pro Flasche

Die Gesamtkosten teilen sich nun in Produktionskosten (800.000,-) und Verwaltungs- und Vertriebskosten (100.000,-) auf. Die Herstellkosten müssen gemäß der Formel durch die **hergestellte** Menge dividiert werden, während die Vw.-/Vtr.-Kosten durch die **abgesetzte** Menge dividiert werden muss.

Lagerbestandsveränderungen:
(800.000 € : 10.000hl) * 6.000 hl = 480.000 €

3. Aufgabenteil

Stufe	bewertete Wiedereinbringungsmenge + Stufenkosten	€/[kg, hl]	Lagerbestand [€]
1. Stufe	0 + 60.000	(60.000 : 25.000) = 2,40	
2. Stufe	(25.000 *2,40) + 6.000	(66.000 : 15.000) = 4,40	(5.000*4,4) = + 22.000
3. Stufe	(10.000*4,40) + 400.000	(444.000 : 10.000) = 44,40	
4. Stufe	(10.000*44,40) + 220.000	(664.000 : 10.000) = 66,40	
5. Stufe	(10.000*66,40) + 86.000	(750.000 : 10.000) = 75,00	(6.000*75) = + 450.000
Herstellkosten	750.000	75,00	
6. Stufe	(4.000*75) + 100.000	(400.000 : 4.000) = 100,00	
Selbstkosten	400.000		
Selbstkosten / Fl.		(100:100):3 = 0,33	

Lagerbestandsveränderungen an fertigen Erzeugnissen: + 450.000 €
Lagerbestandsveränderungen an unfertigen Erzeugnissen: + 22.000 €

Es werden zu den Stufenkosten jeweils die Stufenkosten der Wiedereinbringungsmenge der vorhergehenden Stufe addiert (Stufe 1 + 0,-; Stufe 2 + Stufe 1; ...).Dies wird dann durch die Ausbringungsmenge der Stufe geteilt. Die 6. Stufe (Vertriebs- und Verwaltungskosten) können dabei wie eine ganz normale Stufe betrachtet werden, wenn man als Wiedereinbringungsmenge die abgesetzte Menge betrachtet.

Aufgabe 43
Produktion:

Sorte	Prod.menge l	Kosten für Produktion/Personal			Kosten für Produktion/Maschinen			Gesamte Produktionskosten	Kosten pro l
		ÄQZ	gew. Menge	Kosten	ÄQZ	gew. Menge	Kosten		
Pilsener	2.000.000	1,2	2400000	360.000	1,8	3600000	900.000	1.260.000	0,63
Export	1.000.000	1,0	1000000	150.000	0,9	900000	225.000	375.000	0,375
Edel	1.600.000	0,9	1440000	216.000	1,0	1600000	400.000	616.000	0,385
Summe			4840000	726.000		6100000	1.525.000	2.251.000	

Personalkosten 726.000,00   Maschinenkosten Pro- 1.525.000,00
Produktion: duktion:
€ pro URZ: 0,15   € pro URZ: 0,25

Abfüllung:

Kosten für Abfüllung/Personal   Kosten für Abfüllung/Maschinen

Sorte	Abfüll-füllmenge l	ÄQZ	gew. Menge	Kosten	ÄQZ	gew. Menge	Kosten	Herstellkosten d. U.	HK pro l
Pilsener	2.000.000	0,9	1800000	360.000	1,2	2400000	360.000	1.980.000,00	0,99
Export	1.000.000	1,3	1300000	260.000	1,5	1500000	225.000	860.000,00	0,86
Edel	1.000.000	0,9	900000	180.000	1,0	1000000	150.000	(*s.u.)715.000 0,00	0,715
Summe			4000000	800.000		4900000	735.000	3.555.000,00	

Personalkosten 800.000,00 Maschinenkosten Abfül- 735.000,00
Abfüllung: lung:
€ pro URZ: 0,2 € pro URZ: 0,15

Sorte	HK des Umsatzes	Verw./Vertriebsk.	Selbstkosten (ges.)	SK/0,5 l Fl.
Pilsener	1.980.000,00	198.000,00	2.178.000,00	0,5445
Export	860.000,00	86.000,00	946.000,00	0,473
Edel	715.000,00	71.500,00	786.500,00	0,39325

Lagerbestandsänderung 231.000,00   = 600.000l*   0,385€/L
"Edel":

(nur zu HK bewertet, nicht zusätzlich noch mit Abfüllkosten)

Um die Selbstkosten pro Flasche zu ermitteln, muss die Äquivalenzziffernkalkulation viermal durchgeführt werden. Jedes Mal müssen dabei die tatsächlich produzierten/abgefüllten Mengen mit den ÄQZ gewichtet werden und dann die jeweils entsprechenden Kosten auf die gewichteten

Mengen (URZ) verteilt werden: $ÄQZ_i * Menge_i = URZ_i$; $GK / \Sigma URZ_i$) * $URZ_i = GK/Sorte_i$

Wenn dann am Ende die 10% der Verwaltungs- und Vertriebskosten hinzuaddiert worden sind, muss man die Selbstkosten durch die Menge der abgefüllten Liter teilen.

*Bei der Sorte "Edel" muss darauf geachtet werden, dass nicht die gesamten Produktionskosten in die Abfüllung eingehen, sondern nur die für die tatsächlich abgefüllte Menge:

[(616.000 : 1.600.000 * 1.000.000) + 180.000 + 150.000]
= 385.000 + 180.000 + 150.000
= 715.000

Aufgabe 44
Richtige Antworten:
I. C, D und E.
II. C und E.
III. A und E.

Äquivalenzziffernkalkulation

Produktion:

Sorte	ÄQZ	Menge (Mio)	URZ (Mio)
D - Leicht	1,1	1,5	1,65
D	1	2	2
D - Stark	1,2	1	1,2
			Σ 4,85

Anteil: 485.000 € : ΣURZ = $\frac{485.000€}{4,85}$ = 100.000 € pro URZ

-->

D - Leicht: 165.000,-€
D: 200.000,-€

D - Stark: 120.000,-€

Vertrieb:

Sorte	ÄQZ	Menge (Mio)	URZ (Mio)
D - Leicht	1,2	1	1,2
D	1	3	3
D - Stark	1,3	0,7	0,91

$\sum 5,11$

Anteil: 154.300 € : Σ URZ = 0,03 € pro URZ
D-L: 0,03 * 1,2 Mio   = 36.000 €
D: 0,03 * 3 Mio   = 90.000 €
D-St: 0,03 * 0,91 Mio = 27.300 €

Produktionskosten (HK) pro Stück:
D-L: 165.000,- : 1,5 Mio Stück = 0,11 €/Stück
D: 200.000,- : 2 Mio = 0,1 €/Stück
D-St: 120.000,- : 1 Mio = 0,12 €/Stück

SK (gesamt) der abgesetzten Stück (Mio):
D-L: 0,11 €/Stück * 1 Mio Stück + 36.000,- = 146.000 €
D: 0,1 €/Stück * 3 Mio Stück +90.000,- = 390.000 €
D-St: 0,12 €/Stück * 0,7 Mio Stück + 27.300,- = 111.300 €

SK/Stück:
D-L:146.000,- : 1 Mio Stück = 0,146 €/Stück
D: 390.000,- : 3 Mio Stück = 0,13 €/Stück
D-St: 111.300,- : 0,7 Mio Stück = 0,159 €/Stück

Bestandsveränderungen (zu HK bewertet):
D-L: + 500.000 Stück * 0,11 €/Stück   = + 55.000,-

D: - 1 Mio Stück * 0,1 €/Stück   = - 100.000,-
D-St: + 300.000 Stück * 0,12 €/Stück   = + 36.000,-
                              Σ   = -   9.000,-

Aufgabe 45:
Die Bewertung nach Maschinenstundensätzen ist hier am geeignetsten.
C)

Aufgabe 46:
Die Verwaltungsgemeinkosten sind nicht Bestandteil der Herstellkosten.
(A)

Aufgabe 47
1) Jährliche Laufzeit: 52 Wochen * 40 Stunden/Woche - 580 Stunden
   = 1500 Stunden

	Jahreskosten in €	Berechnung	Std-kosten in €
Abschreibung:	15.000,00	(WBP/10 Jahre)	10,00
Kalk. Zinsen:	4.800,00	(120.000 €/2 (= durchschnittl. Kapitalbindung) * 8%)	3,20
Raumkosten:	3.600,00	(20 qm * 15 €/qm * 12 Monate)	2,40
Strom:	31.500,00	(0,35 €/kWh + 60 kWh * 1500 Std.)	21,00
	54.900,00		36,60

MSS: 54.900 € / 1500 Stunden = 36,60 €/Stunde

2)   150.000 €/ 8 Jahre = 18.750 €/Jahr   (neue Abschreibung pro Jahr)

   18.750 €/ 1.500 Stunden = 12,50 €/Stunde   (neue Abschreibung pro Stunde)

   Abschreibung neu: 12,50 €/Maschinenstunde
   ./. Abschreibung alt: 10,00 €/Maschinenstunde

Abschreibung erhöht sich um 2,50 pro Stunde

=> neuer MSS: 36,60 €/Stunde + 2,50 €/Stunde = 39,10 €/Stunde

Bei dieser Aufgabe, einer Maschinenstundensatzberechnung, müssen alle Angaben zu der Maschine auf eine Stunde normiert werden. Dabei sollte darauf geachtet werden, dass man die Kosten einheitlich sofort auf eine Stunde berechnet, oder aber alle Kosten auf ein Jahr berechnet und anschließend durch die Betriebslaufzeit teilt. Man sollte die Kosten nicht auf Jahre (kalk. Abschreibungen, kalk. Zinsen), Monate (Miete) und Stunden (Strom) berechnen, da es bei der Addition sonst schnell zu Fehlern kommen kann.

Aufgabe 48

Richtige Antworten:

I. A.

II. C und D.

Rechenweg:

1.500m von A*5min/m = 7.500 min =125 Stunden

125h*30,60€/h = 3.825 €

Hinzu kommt die Hälfte der Umrüststunden (170h:2 = 85h):

85h*15,60€/h = 1.326 €

3.825 €
+ 1.326 €
5.151 €

Aufgabe 49

Blechverarbeitung		Berechnungshinweise
WBP:	20.000.000,00 €	AK*$1,05^{10}$=WBP
Gesamtlaufzeit:	4.000 h/Jahr	2*8*250
Kalk. Abschreibungen:	2.000.000,00 €	WBP / 10 Jahre
Instandhaltungs-	800.000,0	Kalk. Abschr. *

kosten:		0 €	0,4
Stromverbrauch:		120.000,00 €	1.000.000 * 0,12
	Summe	2.920.000,00 €	

	MSS	730,00 €/h	2.920.000,00 € / 4000
Maschinenabhängige GK pro Ozona		365,00 €	
Restfertigungsgemeinkostenzuschlag 25%			600.000/2.400.000
Fertigungslohn pro Ozona		300,00 €	2.400.000/(4.000*2)
			2 Ozona pro Std.
Restfertigungsgemeinkostenzuschlag pro Ozona:		75,00 €	300 * 25%
	pro OZONA	740,00 €	

Karosserieschweißen			Berechnungshinweise
WBP Roboter:		500.000,00 €	$AKR * 1{,}06^5$ pro Stk.
WBP Presse:		700.000,00 €	$AKP * 1{,}06^5$ pro Stk.
WBP 272+52		172.400.000,00 €	272*WBPR+52*WBPP
Gesamtlaufzeit:		4.000 h/Jahr	2*8*250
Kalk. Abschreibung		34.480.000,00 €	WBP / 5
Reparaturen:		1.000.000,00 €	

Stromverbrauch:		84.000,00 €	700.000 * 0,12
	Summe	35.564.00 0,00 €	

	MSS	8.891,00 €/h	35.564.000/4.000
Maschinenabhängige Gemeinkosten pro Ozona		4.445,50 €	MSS/2
Restfertigungsgemeinkostenzuschlag 15%			210.000/1.400.000
Fertigungslöhne pro Ozona		175,00 €	1.400.000/(4.000/2)
			2 Ozona pro Std.
Restfertigungsgemeinkosten		26,25 €	175,00 * 15%
	pro OZONA	4.646,75 €	

Bisherige Herstellkosten	6.613,25 €
+ Blechverarbeitung	740,00 €
+ Karosserieschweißen	4.646,75 €
Gesamtkosten pro Ozona	12.000,00 €

Aufgabe 50
a) MSS der Fertigungsstufe 1:
   60.000   Abschreibung
   14.700   Kalk. Zinsen (10% von 147.000 €)
    1.000   Strom (250 Tage * 8h/Tag * 5Kw/h*0,1 €/kWh
    8.000   Schmierstoff (32*250)
    7.000   Lohn (28*250)

       8.500   Material (34*250)
+   800   Wagnisse etc.
     100.000
Stunden insgesamt: 250*8 = 2.000 Stunden

$$\frac{100.000€}{2.000h} = 50\frac{€}{h}$$

b)
Stufe 1:

MEK	0
MGK	0
FEK	40.000 (20*2.000)
+ FGK	120.000 (60*2.000
HK gesamt/Stufe 1	160.000

$$\frac{160.000}{(2.000*1.000)} = 0,08\frac{€}{Stift}$$

Stufe 2:

MEK	0,04 €
MGK	0,01 €
FEK	0,01 €
+ FGK	0,02 €
HK/Stück,Stufe 2	0,08 €

HK/Stück, Stufe 1   0,08 €
HK/Stück, Stufe 2   0,08 €
HK/Stück   0,16 €
VwGK (25% der HK) = 0,04 €
VtrGK (12,5% der HK) = 0,02 €

HK	0,16 €
VwGK	0,04 €
VtrGK	0,02 €
	0,22 €

Aufgabe 51

Richtige Antworten:

I. E.

II. C, D und E.

Bei dieser Aufgabe müssen alle Angaben zu der Maschine auf eine Stunde normiert werden. Dabei sollte darauf geachtet werden, dass man die Kosten einheitlich sofort auf eine Stunde berechnet, oder aber alle Kosten auf ein Jahr berechnet und anschließend durch die Betriebslaufzeit teilt. Man sollte die Kosten nicht auf Jahre (kalk. Abschreibungen, kalk. Zinsen), Monate (Miete) und Stunden (Strom) berechnen, da es bei der Addition sonst schnell zu Fehlern kommen kann.

Rechenweg:

Gesamtarbeitszeit	2.002,00
./. Ausfallzeit	-125,00
./. Urlaub	-77,00
Gesamtlaufzeit	1.800,00

Kosten	pro Jahr	pro Stunde
kalk Abschreibungen	60.000,00	33,33
kalk. Zinsen	18.000,00	10,00
Instandhaltung	6.750,00	3,75
Wartung	2.430,00	1,35
Mietkosten	3.060,00	1,70
Energiekosten	12.960,00	7,20
Gesamtkosten	103.200,00	57,33
Maschinenstundensatz		57,33

Berechnung der Maschinenkosten für 1 Jahr:

kalk. Abschreibungen: 480.000 / 8 =   60.000,00

kalk. Zinsen: 450.000 / 2 * 8% = 18.000,00
Instandhaltungskosten: 450.000 / 8 * 12% = 6.750,00
Wartungskosten: 1.800 / 600 * 810 = 2.430,00
Mietkosten: 30 * 8,50 * 12 = 3.060,00
Energiekosten: 40 * 0,18 * 1.800 = 12.960,00

Aufgabe 52
Richtige Antworten:
I. A und C.
II. A und B.
III A, C und E.
IV. A, C und D.

Rechenweg:

Material	Fertigung			Verwaltung	Vertrieb
	Maschine A	Maschine B	Rest-FGK		
Zuschlag	MSS	MSS	Zuschlag	Zuschlag	Zuschlag
8% auf MEK	96 €/h	125 €/h	110% auf FEK	11% auf HK	6% auf HK

Materialgemeinkostenzuschlag: $\dfrac{375.000}{4.687.500} = 8\%$

Fertigungsgemeinkostenzuschlag: $\dfrac{198.000}{180.000} = 110\%$

Maschinenstundensatz A: $\dfrac{216.000}{2.250} = 96$

Maschinenstundensatz B: $\dfrac{175.000}{1.400} = 125$

Da Verwaltungs- und Vertriebskostenzuschläge auf die Herstellkosten des Umsatzes berechnet werden, müssen erst die Herstellkosten der Produktion ausgerechnet werden:

Materialeinzelkosten	4.687.500;
Materialgemeinkosten	+375.000;
Fertigungseinzelkosten	+180.000;
FGK Maschine A	+216.000;
FGK Maschine B	+175.000;
Restfertigungsgemeinkosten	+198.000;
Herstellkosten der Produktion	5.831.500

Dann müssen zur Berechnung der Herstellkosten des Umsatzes noch die Bestandsveränderungen in Ansatz gebracht werden:

Herstellkosten der Produktion	5.831.500;
+ Bestandsminderungen	+19.500;
Herstellkosten des Umsatzes	5.851.000;

Verwaltungsgemeinkostenzuschlag: $\frac{643.610}{5.851.000} = 11\%$

Vertriebsgemeinkosten: $\frac{351.060}{5.851.000} = 6\%$

Materialeinzelkosten	38,00 €	
+ 8% GK-Zuschlag	3,04 €	
= Materialkosten		41,04 €
Fertigungseinzelkosten	19,50 €	
+ 110% GK-Zuschlag	21,45 €	
+ 12 min MSS A	19,20 €	
+ 6 min MSS B	12,50 €	
= Fertigungskosten		72,65 €
= Herstellkosten		113,69 €

+ 11%Verwaltungs-GK-Zuschlag	12,51 €
+ 6% Vertriebs-GK-Zuschlag	6,82 €
Selbstkosten	133,02 €

Aufgabe 53

	Kostengrößen:
+72.000,00	Löhne und Gehälter
+10.200,00	Sozialaufwendungen
+600,00	Instandhaltungsaufwendungen
+5.600,00	Fuhrparkaufwendungen
+4.500,00	sonst. Abschreibungen
+8.300,00	Hilfsstoffverbrauch
+7.200,00	Energieaufwendungen
+2.100,00	kalk. Abschreibungen Steinbruch
110.500,00	Gesamte Selbstkosten
- 40.785,00	Einzelkosten Bruchsteine
69.715,00	Gesamtkosten Kuppelprozess

"Außerordentliche Aufwendungen" gehen nicht in die Kosten ein, da es sich um neutrale Aufwendungen handelt.

Die "Abschreibungen auf den Steinbruch" gehen nicht in die Kosten ein, da sie durch die kalkulatorischen Abschreibungen ersetzt werden.

Bei den "sonstigen Abschreibungen" kann es sich zum Beispiel um Abschreibungen auf Maschinen und den Fuhrpark handeln. Dieser Posten entspricht zwar nicht den kalkulatorischen Abschreibungen, die man eigentlich auch hier ansetzen müsste, geht aber mangels anderer Information dennoch ein.

Die Einzelkosten Bruchsteine müssen abgezogen werden, da sie im Rahmen der Kuppelkalkulation nicht auf die anderen Steinsorten verteilt werden dürfen. Sie werden allein den Bruchsteinen zugeordnet. Der Betrag ist nicht als solcher in der GuV zu finden, sondern kann bestehen aus z.B. Löhnen und Gehältern, Sozialaufwendungen, Instandhaltungsaufwendungen, Fuhrparkaufwendungen, sonst. Abschreibungen, Hilfsstoffen und Energieaufwendungen.

Kalkulatorische Abschreibungen:
Basis: AHK (das Grundstück kann nicht wiederbeschafft werden)
200 * 100 * 3 = 60.000
Methode: leistungsabhängige Abschreibung (Leistung: abgebaute cbm)
Gesamtleistung: 200m * 100m * 12m = 240.000 cbm
Abschreibung / cbm: 60.000 / 240.000 = 0,25
Jahresleistung 2000: 8.400 cbm
kalk. Abschreibung: 8.400 * 0,25 = 2.100

Erzeugnis	cbm	ÄQZ	URZ	Gemeinkosten	Einzelkosten	Selbstkosten	SK/cbm
Bruchsteine	5.200	5	26.000	57.542,54	40.785,0 0	98.417,54	18,91
Schroppen	2.300	2	4.600	10.180,60	0,00	10.180,60	4,43
Splitt	900	1	900	1.991,86	0,00	1.991,86	2,21
			31.500	69.715,00		110.590,00	

69.715,00 : 31.500 = 2,2131746

Die Gemeinkosten werden wie immer in folgender Rechnung auf die einzelnen Sorten verteilt:

$ÄQZ_i * Menge_i = URZ_i$

$GK / \square URZ_i) * URZ_i = GK/Sorte_i$

SK (gesamt):   110.500,-- €
GK (gesamt):   69.715,-- €

SK/m3:   I. 18,91 €
         II. 4,43 €
         III. 2,21 €

Aufgabe 54

Kuppelkalkulation nach dem Restwertverfahren, da 1 Hauptprodukt und 1 Nebenprodukt vorhanden sind.

140 t Stahl wurden produziert und abgesetzt
16 t Schlacke wurden verkauft à 1,50 €/kg
=1 €
+ 0,50 € VtrK

Rechenalternative I:
  184.000 Gesamtkosten Kuppelprozess
  - 24.000 Nettoerlöse (16 t = 16.000 kg à 1,50 €)
  + 8.000 VtrK (16.000 t * 0.50 €/t)
  168.000 €

Rechenalternative II:
  184.000 Gesamtkosten Kuppelprozess
  - 16.000 (16.000 kg *(1,50 €/kg - 0,50 €/kg))
  168.000€

a) HK/t Stahl = 168.000 € : 140t = 1.200 €/t.
b) SK/t Stahl = (168.000€ + 21.000€) : 140 t = 1.350 €/t.

Aufgabe 55

(1)
(1t E1*15€/t + 3t E2*20€/t)*70 Prozesse Einsatzstoffe
                                    = 5.250,00
                                      5.750,00 MGK
                                     10.000,00 FGK

(2)

5.250,00 Fertigungslöhne
26.250,00 Kuppelprozesskosten

Erzeugnisart	ÄQZ	Menge	Umsatz (p*x)= URZ	GK / Sorte	EK (Veredelung)	$HK_i = GK_i + EK_i$	HK/t
A	500	140	70.000,00	21.000,00	21.000,00	42.000,00	300,0
B	150	70	10.500,00	3.150,00		3.150,00	45,0
C	100	70	7.000,00	2.100,00	3.500,00	5.600,00	80,0
Summe			87.500,00	26.250,00		50.750,00	

€ pro URZ: 26.250 : 87.500 = 0,3

Dieser Teil der Kuppelkalkulation verläuft wie eine normale Äquivalenzziffernkalkulation mit der Besonderheit, dass die Marktpreise die Äquivalenzziffern darstellen. Die normale Formel
$ÄQZ_i$ * $Menge_i$ = URZ_i; GK / ($\Box URZ_i$) * URZ_i = $GK/Sorte_i$ verändert sich also wie folgt:
$Marktpreis_i$ * $Menge_i$ = $Umsatz_i$; GK / ($Umsatz_i$) * $Umsatz_i$ = GK/Sorte.

(3)
Die Kostenverteilung der Marktpreismethode ist nur eine Näherungslösung, weil das Verhältnis der tatsächlichen Kosten nicht (oder nur selten) dem Verhältnis der Marktpreise entspricht, das von Einzelkosten und auch von Angebot und Nachfrage abhängt.

Aufgabe 56

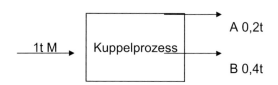

2000 €/t   1000 € ⟶

C 0,4t

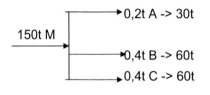

150t M
- 0,2t A -> 30t
- 0,4t B -> 60t
- 0,4t C -> 60t   (Vernichtungskosten pro t M = 0,4 * 50 = 20)

Materialkosten	150 * 2000	(Bezugspreis)	300.000
Fertigungskosten	150 * 1000	(Bearbeitungskosten d. Anlage)	150.000
Vernichtungskosten	60t * 50 €/t	(für C)	3.000
Nicht zurechenbare Kosten			453.000

(die Aufbereitungskosten sind zurechenbar)

Sorte	Menge x_i	AZ a_i	Umr.zahl $x_i * a_i$	GK pro t $(KK/\sum_i a_i^* x_i)^* a$	GK pro Sorte $(KK/\sum_i a_i^* x_i)^* a_i^* x$
A	30	1,5	45	5.524,4	165.732
B	60	1,3	78	4.787,8	287.268
			123		453.000

453.000 / 123 = 3.682,93 €/Recheneinheit

Sorte	GK pro t	Aufbereitungskosten	HK pro t	VwGK/VtGK 10%	Selbstkosten
A	5.524,4	1500	7.024,4	702,44	7.726,84
B	4.787,8	-	4.787,8	478,78	5.266,58

Aufgabe 57

Zu a)

4.794 €	Material (Getränkekartons) (=940*5,10€)
5.355 €	Abschreibung
6.380 €	Löhne
5.450 €	Wasser/Chemikalien
1.420 €	Kalk. Zinsen
23.399 €	Gesamtkosten des Kuppelprozesses pro Monat

Die Gesamtkosten betragen 23.399 €.

Zu b)

Restwertrechnung

Hauptprodukt: - langfaseriger, hochwertiger Zellstoff

Nebenprodukte: - Rest Zellstoff
- Aluminium
- Polyethylen
- Füllstoffe

Kuppelprozesskosten	+ 18.854,05
- Alu Erlöse (940*0,11*76)	- 7.858,40
+ Poly-Granulat Kosten (940*0,23*(60+3))	+ 13.620,60

+ Füllstoffe Kosten (940*0,08*12,50) $\underline{+\ 940,00}$
                                       25.556,25
+ Trennung Zellstoff (EK Zellstoff) $\underline{+\ 817,80}$
                                       26.374,05

Menge hochwertiger Zellstoff = 940*0,58*0,75 = 408,9 t
HK/t hochw. Zellstoff = 26.374,05 € : 408,9 t = 64,50 €/t

Die Herstellkosten betragen 64,50 € pro Tonne.

Zu c)
Gewinn = Erlöse - Kosten
408,9 t * (70€/t - 64,50 €/t) = 2.248,95 € /t

$$\frac{Gewinn}{Menge\ Alu} = \frac{2.248,95€/t}{940t*0,11} = \frac{2.248,95€/t}{103,4t} = 21,75\ €$$

76,- € - 21,75,- € = 54,25 €/t

Der Aluminiumpreis darf auf 54,25 € pro Tonne fallen.

Aufgabe 58
Die Antworten A, B und E sind richtig.

Aufgabe 59
Gesamtkosten der Kuppelproduktion für die Tagesproduktion von 5.000t Eisen:

+Erz	10.000t * 250€/t	2.500.000€
+Koks, Kalk	0,8t/t * 5.000t * 450€/t	+ 1.800.000€
+Wasser	40m³/t * 5.000t * 2€/t	+ 400.000€
+Löhne, Nebenkosten		+ 40.000€

+Hilfsmaterial pro Tag		+ 10.000€
+Kalk. Abschreibungen	219.000 : 10 : 365	+ 60.000€
+Kalk. Zinsen	219.000.000 : 2 * 0,1 : 365	+ 30.000€
=Gesamtkosten des Kuppelprozesses		= 4.840.000€
- Nettoerlöse Schlacke	1,2t/t * 5.000t * (90 - 50)	- 240.000€
- Nettoerlöse Gas	0 - 50.000 = - 50.000	- (-50.000)€
Restwert		= 4.650.000€
Anteiliger Restwert pro t Eisen	4.650.000 € : 5.000t	**930€/t**

Aufgabe 60
Richtige Antworten:
I. B
II. A
III. B
IV. B und D
V C

Aufgabe 61
I. A, C, D und E sind richtig.
II. B und D sind falsch.

Aufgabe 62:
Die Antworten A und C sind richtig.

Aufgabe 63

	GuV	Abgrenzung	Kostenrechnerische Korrektur	Betriebsergebnis

Erfolgsposition	Aufwand	Ertrag	Soll	Haben	Aufwand	Ertrag	Kosten	Leistung
Umsatzerlöse		540.000						540.000
Minderbestand	10.000						10.000	
Andere akt. Eigenleistungen		15.000						15.000
Ertrag aus Anlagenverkauf		3.000	3.000					
Ertrag aus Rückstellungsaufl.		12.000	12.000					
Ertrag aus Beteiligungen		2.000	2.000					
Materialaufwand	160.000				185.000		160.000	185.000
Personalaufwand	210.000							210.000
Soziale Abgaben	40.000				20.000	25.000		40.000
Abschreibungen auf AV	25.000							20.000
Miete	800							800
Spenden	300			300				
Betriebssteuern	18.000			10.500				7.500
Zinsauf-	3.00				4.50	3.0		4.5

wand	0				0	00	00	
Schadens-fälle	7.500				8.400	7.500	8.400	
Kalk. Miete					1.500		1.500	
Kalk. U-Lohn					6.000		6.000	
Summe	474.600	572.000	17.000	10.800	225.400	195.500	493.700	555.000
Gewinn	97.400			6.200		29.900	61.300	

Aufgabe 64

Kontenbezeichnung	Gesamtergebnis GuV		Neutrales Ergebnis				Betriebsergebnis	
			Abgrenzung		Kostenrechn. Korr.			
	Aufwand	Ertrag	Sol l	Haben	Sol l	Haben	Kosten	Leistungen
Umsatzerlöse		1500						1500
Minderbestand	200						200	
Eigenleistungen		200						200
so. betriebl. Erträge		200	20					
Materialaufwand	590						590	
Abschreibung	360				60	360	60	
Personalaufwand	450				44	450	440	

			0				
Betriebs-steuer	100		20		80		
Zinsaufwand	20				20		
So. Aufwendungen	250		25		225		
Kalk. U-Lohn			10		10		
Summe	1970	1720	2 0	45	510	810	1625	1700
Ergebnis		250	25		300		75	

1. Der Materialaufwand ist um die Fehlbuchung zu korrigieren (Nettoaufwand 10.000 €).
2. Die Urlaubslöhne sind gleichmäßig auf das Jahr zu verteilen:

450.000€ Personalaufwand des Monats
-50.000€ tats. gezahlte Urlaubslöhne
 40.000€ kalk. Urlaubslöhne je Monat
440.000€ Personalkosten des Monats

3. Kalkulatorische Abschreibung (linear)
   => 7,2 Mio. / (10 Jahre * 12 Monate) = 60.000 €/Monat

4. Betriebssteuern des Vormonats 70.000€
   Rückstellung des Vormonats   -50.000€
                                  20.000€
   Dieser Betrag ist Aufwand der Vorperiode und damit neutraler Aufwand.

5. Erforderliche Abschreibung ist aperiodisch und damit neutraler Aufwand.

6. Der Zahlungseingang ist außerordentlich und damit neutraler Ertrag.

7. In Höhe des Gehaltes der vergleichbaren Position erfolgt Ansatz eines kalkulatorischen Unternehmerlohns für Karl Krank.

Aufgabe 65

a) Umsatzkostenverfahren in Mio. €

Produkt	ALERT	ALERT-neu	MAS	Berechnungshinweise
MEK	10,00	13,75	14,67	MEK*Absatz/Produktion
+ FEK	10,00	17,50	17,60	FEK*Absatz/Produktion
+ FGK	5,00	8,75		FGK als 50%-Zuschlag auf FEK[1]
+ SoEKProd	7,27	10,71	21,08	SoEK*Absatz/Produktion
= HK des Umsatzes	32,27	50,71	53,35	
+ VertrGK	3,24	5,09	5,36	VertrGK als 10,04%-Zuschlag auf HK des Umsatzes[2]
= Selbstkosten	35,51	55,80	58,71	
Umsatzerlöse	100,00	175,00	286,00	Preis*Menge
./. Selbstkosten	35,51	55,80	58,71	

Absatzer-gebnis	64,49	119,20	227,29	
HK/Stück (€)	1,61	2,03	2,43	HK des Umsatzes/Absatzmenge

[1] Zuschlag ergibt sich aus 15,3 Mio. FGK und den FEK von Alert und Alertneu: 15,3 / (11 + 19,6) = 50 %

[2] Zuschlag der Vertriebsgemeinkosten auf die Herstellkosten des Umsatzes: 13,69 / (32,27 + 50,71 + 53,35) = 10,04 %

b) Gesamtkostenverfahren in Mio. €

Produkt	ALERT	ALERTneu	MAS	Berechnung
Umsatzerlöse	100,00	175,00	286,00	Preis*Menge
± Bestandsveränd.	3,22	6,09	4,86	bewertet zu HK/Stück
+ akt. Eigenleist.	0,00	0,00	0,00	
Gesamtleistung	103,22	181,09	290,86	
./. MEK	11,00	15,40	16,00	
./. FEK	11,00	19,60	19,20	
./. FGK	5,50	9,80		FGK als 50%-Zuschlag auf FEK
./. SoEKProd.	8,00	12,00	23,00	
= HK der Prod.	35,50	56,80	58,20	
./. VertrGK	3,24	5,09	5,36	VertrGK-Zuschlag 10,04% auf HK des Umsatzes
Betriebsergebnis	64,48	119,20	227,30	
HK/Stück (€)	1,61	2,03	2,43	HK der Prod./Produktionsmenge

c) Bei genauer Berechnung besteht kein Unterschied zwischen den beiden Verfahren (die Lösungshinweise enthalten Rundungsdifferenzen).

Aufgabe 66

	Größe 13x18	Größe 20x30	Größe 80x100
Produktionsmenge	7.500,00	15.000,00	3.000,00
Absatzmenge	8.000,00	13.500,00	3.000,00
Absatzpreis	15,95	22,95	59,95
Umsatzerlöse	127.600,00	309.825,00	179.850,00

Kosten für Absatzmenge			
MEK (Pappe)	842,40 (=0,13*0,18*4,50*8000)	3.645,00	10.800,00
MEK (Metall)	33.728,00 (=(0,13+0,18)*2*8000)	91.800,00	73.440,00
MEK (Glas)	6.800,00 (=8000*0,85)	18.225,00	16.200,00
Fertigungsstelle 1 15.225,00	2.480,00 (=(13+18)*2*8000*0,005)	6.750,00	5.400,00
Fertigungsstelle 2 25.500,00	8.000 (=0,25*4*8000)	13.500,00	3.000,00
Fertigungsstelle 3 30.600,00	9.600 (=8000*1,2)	16.200,00	3.600,00
Fertigungsstelle 4 36.750,00	5.600 (=0,7*8000)	18.900,00	10.500,00
HK des Umsatzes	67.050,40	169.020,00	122.940,00
Verwaltungskosten	24.808,65	62.537,40	45.487,80

132.833,85			
Vertriebskosten	8.716,55	21.972,60	15.982,20
46.671,35			
Selbstkosten	100.575,60	253.530,00	184.410,00

FS1 Schnittlänge	465.000 (=(13+18)*2*7.500)	1.500.000	1.080.000
Summe	3.045.0000	pro cm	0,005 €
FS2 Schnitte	30.000 (=4*7.500)	60.000	12.000
Summe	102.000	pro Schnitt	0,25 €
FS3 Pro Rahmen	1,2 €		
FS4 URZ	7.500 (=1*7.500)	30.000 (=2*15.000)	15.000 (=5*3.000)
Summe URZ	52.500	pro URZ	0,7 €
HK pro Stück	8,38	12,52	40,98
HK-Umsatz	67.050,40	169.020,00	122.940,00
Summe	359.010,40	Zuschlagssatz	37% (=1.132.833,85/ 359.010,40)
HK-Umsatz	67.050,40	169.020,00	122.940,00
Summe	359.010,40	Zuschlagssatz	13% (=46.671,35/ 359.010,40
SK pro Stück	12,57	18,78	61,47

Umsatzerlöse	127.600,00	309.825,00	179.850,00
./. Selbstkosten	-100.575,60	-253.530,00	-184.410,00
Absatzergebnis	27.024,40	56.295,00	-4.560,00

In Fertigungsstelle 1 wird die Gesamtschnittlänge aller in der Periode produzierten Rahmen aller Größen errechnet und dann auf die einzelnen Rahmengrößen verteilt (wie Äquivalenzziffernrechnung (ÄQZ Schnittlänge in cm pro Rahmen)).

Jeder cm Schnitt kostet: 15.225 € / 3.045.000 cm = 0,005 €/cm.

In Fertigungsstelle 2 wird die Gesamtzahl aller Schnitte aller in der Periode produzierten Rahmen aller Größen (4 Schnitte pro Rahmen) errechnet, und dann auf die einzelnen Rahmengrößen verteilt.

Jeder Schnitt kostet: 25.000 € / (4*7.500+4*15.000+4*3.000) Schnitte = 0,25 €/Schnitt.

In Fertigungsstelle 3 werden alle in der Periode produzierten Rahmen aller Größen addiert und die Gesamtkosten dadurch geteilt.

Die Kosten pro Rahmen betragen: 30.600 € / (7.500+15.000+3.000) Stk. = 1,2 €/Stk.

In Fertigungsstelle 4 wird eine Äquivalenzziffernrechnung durchgeführt.

Die Kosten pro URZ betragen: 36.750 € / 52.500 URZ = 0,7 €/URZ.

Die Verwaltungs- und Vertriebsgemeinkosten werden auf Basis der Herstellkosten des Umsatzes zugeschlagen.

Über das künftige Produktionsprogramm können keine Aussagen getroffen werden, da die kurzfristige Erfolgsrechnung (UKV, GKV) nur Aussagen über Vollkosten zulässt. Man kann also nicht erkennen, ob die Rahmengröße 80x100 einen positiven Deckungsbeitrag hat, oder nicht. Nähere Ausführungen zur Deckungsbeitragsrechnung finden sich im Skript.

Aufgabe 67

Rechenweg:
-Fremdfertigung: 6.000 * 114,- = 684.000,-€
-Eigenfertigung:
    48.000,-Auf-...kosten

43.200,- Abschr., Zinsen
  14.400,- Instandhaltung
  14.400,- Lohn
  +504.000, Material (6.000 * 84,-
     =)
  624.000,-

624.000 : 6.000 = 104 €/m³

EF:
    48.000
+   43.200
+   14.400
+   14.400
= 120.000   = fixe Kosten
+ 336.000(4.000*84) Material
    456.000
456.000 : 4.000 = 114,-€/m³

EF:
  120.000
+ 563.976 (84*6.714)
  683.976

m³ (gerundet)

Damit sind A, B und C richtig.

Aufgabe 68

Zu a)

Gesucht: Absatzmenge x

DB = Erlöse - variable Kosten

DB soll gleich den Fixkosten sein, d.h. = 50.000 €.

50.000 € = (25 - 15) * x

⇔ x = 5.000

Zu b)

Erlöse (8.000*25)   200.000
- variable Kosten (8.000 * 15) - 120.700
= DB   = 80.000

DB - fixe Kosten = Überschuss
80.000 - 50.000 = 30.000 €

Aufgabe 69

Die Grundsätze ordnungsgemäßer Buchführung (GoB) werden nicht in Gesetzen kodifiziert, sondern nur im HGB, beispielsweise im § 239 Abs. 4 HGB, erwähnt. Sie werden aus den handelsrechtlichen Bilanzierungsvorschriften abgeleitet und ergeben sich

- aus dem Wortlaut der gesetzlichen Vorschriften,
- dem Bedeutungszusammenhang der gesetzlichen Vorschriften
- der Entstehungsgeschichte der gesetzlichen Vorschriften.

Aufgabe 70

Die Buchführungspflicht ergibt sich im Handelsrecht gemäß § 242 HGB. Danach hat jeder Kaufmann eine Bilanz und eine GuV aufzustellen. Wer Kaufmann ist, ergibt sich aus den §§ 1 ff. HGB.

Aufgabe 71

Die Bilanzierungsgrundsätze sind im § 252 HGB genannt:

- Identitätsprinzip: Wertansätze in Eröffnungs- und Schlussbilanz müssen übereinstimmen (§ 252 Abs. 1 Nr. 1 HGB)
- Going Concern-Prinzip: Fortführung der Unternehmenstätigkeit (§ 252 Abs. 1 Nr. 2 HGB)
- Einzelbewertungsprinzip: Vermögensgegenstände sind grundsätzlich einzeln zu bewerten (§ 252 Abs. 1 Nr. 3 HGB)

=> Durchbrechung bei Festwertverfahren (untergeordnete Bedeutung von Sachanlagevermögen sowie Roh-, Hilfs- und Betriebsstoffen gemäß § 240 Abs. 3 HGB), Gruppenbewertung (gleichartige Vermögensgegenstände des Vorratsvermögens (§ 240 Abs. 4 HGB) sowie Verbrauchsfolgeverfahren (§ 256 HGB)

- Stichtagsprinzip
- Vorsichtsprinzip: „Es ist vorsichtig zu bewerten, namentlich sind alle vorhersagbaren Risiken und Verluste, die bis zum Abschlussstichtag entstanden sind, zu berücksichtigen, selbst wenn diese erst zwischen dem Abschlussstichtag und dem Tag der Aufstellung des Jahresabschlusses bekannt geworden sind; Gewinne sind nur zu berücksichtigen, wenn sie am Abschlussstichtag realisiert sind." (§ 252 Abs. 1 Nr. 4 HGB)
- Abgrenzungsprinzip (§ 252 Abs. 1 Nr. 5 HGB): Erträge und Aufwendungen sind periodengerecht auszuweisen
- Stetigkeitsgebot (§ 252 Abs. 1 Nr. 6 HGB): Bewertungsmethoden sind stetig anzuwenden

Aufgabe 72

Anschaffungskosten sind die Aufwendungen, die geleistet werden, um einen Vermögensgegenstand zu erwerben und ihn in einen betriebsbereiten Zustand zu versetzen, soweit sie dem Vermögensgegenstand einzeln zugeordnet werden können. Zu den Anschaffungskosten gehören auch die Nebenkosten sowie die nachträglichen Anschaffungskosten. Anschaffungspreisminderungen sind abzusetzen.

Anschaffungskosten ergeben sich damit aus: Anschaffungskosten + Nebenkosten + nachträgliche Anschaffungskosten - Anschaffungspreisminderungen (im Wesentlichen Skonti und Boni)

Aufgabe 73

Herstellungskosten sind die Aufwendungen, die durch den Verbrauch von Gütern und die Inanspruchnahme von Diensten für die Herstellung eines Vermögensgegenstands, seine Erweiterung oder für eine über seinen ursprünglichen Zustand hinausgehende wesentliche Verbesserung entstehen. Dazu gehören die Materialkosten, die Fertigungskosten und die Sonderkosten der Fertigung. Bei der Berechnung der Herstellungskosten dürfen auch angemessene Teile der notwendigen Materialgemeinkosten, der notwendigen Fertigungsgemeinkosten und des Wertverzehrs des Anlagevermögens, soweit er durch die Fertigung veranlaßt ist, eingerechnet werden. Kosten der allgemeinen Verwaltung sowie Aufwendungen für soziale Einrichtungen des Betriebs, für freiwillige soziale Leistungen und für betriebliche Altersversorgung brauchen nicht eingerechnet zu werden. Aufwendungen im Sinne der Sätze 3 und 4 dürfen nur insoweit berücksichtigt werden, als sie auf den Zeitraum der Herstellung entfallen. Vertriebskosten dürfen nicht in die Herstellungskosten einbezogen werden.

Damit ergeben sich die Herstellungskosten aus: Einzelkosten (Pflicht) + Gemeinkosten (Wahlrecht)

3 Aufgaben zu Recht und Steuern

Aufgabe 1

Was sind geringwertige Wirtschaftsgüter?

Aufgabe 2

Ein Notebook wird am 5.1. für 1.071 € gekauft. Wie hoch sind die Anschaffungskosten und die Abschreibungen im ersten Jahr, wenn das Unternehmen Vorsteuerabzugsfähig ist?

Aufgabe 3

Welche Besonderheiten haben Bruchteilsgemeinschaft und die Miteigentümergemeinschaft?

Aufgabe 4

Wie lassen sich rechtlich Körperschaften von Personengesellschaften unterscheiden?

Aufgabe 5

Wann erlangt eine natürliche Person ihre Rechtsfähigkeit?

Aufgabe 6

Was sind „Sachen" im Rahmen des BGB?

Aufgabe 7

Wer ist geschäftsunfähig?

Aufgabe 8

Was bedeutet beschränkt geschäftsfähig?

Aufgabe 9

Welche Folgen hat der Geschäftsabschluss eines beschränkt geschäftsfähigen?

Aufgabe 10
Was besagt der so genannte „Taschengeldparagraph"?

Aufgabe 11
Ein Angebot wird befristet auf den 3. August. Der Empfänger des Angebots schreibt auf die Angebotsannahme den 2. August, schickt das Dokument aber erst am 3. August gegen 21 Uhr an den Anbieter zurück. Ist das Geschäft zustande gekommen?

Aufgabe 12
Kreditinstitut B gibt Kreditnehmer A wegen dessen hoher Bonität am 2. Januar einen Kredit. Am 3. Januar erfährt B, dass A sich in Zahlungsschwierigkeiten befindet. Am a) 2. Februar, b) 4. Januar ficht B das Darlehen an. Welche rechtlichen Folgen hat dies?

Aufgabe 13
Wann werden die Allgemeinen Geschäftsbedingungen eines Vertragspartners Teil eines Geschäftsvertrages?

Aufgabe 14
Welche Rechtsfolgen ergeben sich bei Nichteinbeziehung oder Unwirksamkeit der Allgemeinen Geschäftsbedingungen?

Aufgabe 15
Worin unterscheiden sich Besitz und Eigentum nach BGB?

Aufgabe 16
Wie wird Eigentum an unbeweglichen Sachen übertragen?

Aufgabe 17
Erläutern Sie Grundschuld und Hypothek!

Aufgabe 18
Was sind die wichtigsten Sicherungsinstrumente bei beweglichen Sachen?

Aufgabe 19
Was ist die Insolvenzmasse?

Aufgabe 20
Was ist die Insolvenzquote?

Aufgabe 21
Was versteht man unter der „Aussonderung"?

Aufgabe 22
Was versteht man unter der „Absonderung"?

Aufgabe 23
Was versteht man unter einem „Kaufmann"?

Aufgabe 24
Was ist ein Kannkaufmann?

Aufgabe 25
Was ist ein Formkaufmann?

Aufgabe 26
Erläutern Sie die „Vertretung"!

Aufgabe 27
Erläutern Sie die „Prokura"!

Aufgabe 28
Welche Aufgabe hat das Handelsregister?

Aufgabe 29
Was ist ein Handelsvertreter?

Aufgabe 30
Was ist ein Handelsmakler?

Aufgabe 31
Welche Schritte sind bei einer Stellenausschreibung zu beachten, wenn es mehrere Bewerber gibt?

Aufgabe 32
Welche Schritte werden in einem normalen Bewerbungsgespräch durchgeführt? Was wird dort besprochen?

Aufgabe 33
Wann sind Leistungen unabhängig von einem Arbeitsvertrag an den Arbeitnehmer zu leisten?

Aufgabe 34
Welche Möglichkeiten besitzt der Arbeitgeber, wenn der Arbeitnehmer seine Leistungen verweigert?

Aufgabe 35
Welche Möglichkeiten besitzt der Arbeitnehmer, wenn der Arbeitgeber seine Leistungen verweigert?

Aufgabe 36
Wie lang ist die regelmäßige Kündigungsfrist bei einem Arbeitsverhältnis und wodurch wird sie verändert?

Aufgabe 37
Nach einem Spesenbetrug wird der Mitarbeiter A durch seinen Arbeitgeber fristlos gekündigt. Der Betriebsrat wurde nicht angehört. Welche Folgen hat die Kündigung?

Aufgabe 38
Welche Personengruppen genießen einen besonderen Kündigungsschutz?

Aufgabe 39
Was ist und welche Aufgaben hat ein Tarifvertrag?

Aufgabe 40
Welche Funktionen hat ein Tarifvertrag?

Aufgabe 41
Wie lassen sich Arbeitskämpfe unterteilen?

Aufgabe 42
Was ist eine „Schlichtung"?

Aufgabe 43
Welche Aufgabe hat das Betriebsverfassungsgesetz?

Aufgabe 44
Welche Aufgaben hat ein Betriebsrat?

Aufgabe 45
Wie lassen sich die Beteiligungsrechte des Betriebsrates klassifizieren?

Aufgabe 46
Wie viele Mitglieder hat ein Betriebsrat?

Aufgabe 47
Wie lang ist die Amtszeit des Betriebsrates?

Aufgabe 48
Was sind die wichtigsten Gesetze und Verordnungen zum Arbeitsschutz?

Aufgabe 49
Welches Ziel hat das Wettbewerbsrecht?

Aufgabe 50
Die A-AG ist Einzelhändler und wirbt mit einem Notebook für 99 €, das nach zwei Stunden ausverkauft ist. Wie ist dieser Sachverhalt zu bewerten?

Aufgabe 51
Nennen Sie die wichtigsten Normierungen des Gewerberechts!

Aufgabe 52
Grenzen Sie Steuern, Gebühren und Beiträge voneinander ab!

Aufgabe 53
Worin unterscheiden sich Steuerschuldner und Steuerpflichtiger?

Aufgabe 54
Wer ist buchführungspflichtig?

Aufgabe 55
Worin unterscheiden sich beschränkt und unbeschränkt Steuerpflichtige?

Aufgabe 56
Was ist der „Wohnsitz" im Steuerrecht?

Aufgabe 57
Nennen Sie die Einkunftsarten im Einkommensteuerrecht!

Aufgabe 58
Trennen Sie zwischen Betriebsausgaben und Werbungskosten!

Aufgabe 59
Unternehmen A hat einen Gewinn vor Steuern von 200.000 € erzielt. Es fielen dabei Privatausgaben des Eigentümers B in Höhe von 50.000 € an, die den Gewinn vor Steuern geschmälert haben. Der Körperschaftsteuersatz beträgt 15%, der Solidaritätszuschlag 5,5%.
Wie hoch ist die zu zahlende Steuer von Unternehmen A?

Aufgabe 60
Was ist der Hebesatz im Gewerbesteuerrecht?

Aufgabe 61
Welche Steuersätze werden im Umsatzsteuerrecht unterschieden?

Lösungen zu Recht und Steuern

Aufgabe 1

Ein geringwertiges Wirtschaftsgut ist gemäß § 6 Abs. 2 EStG ein Wirtschaftsgut, das
- zum Anlagevermögen gehört,
- beweglich und abnutzbar ist,
- selbstständig genutzt wird und
- dessen Anschaffungs-/Herstellungskosten zwischen 150 und 1000 € liegen.

Beispiel ist der Kauf eines Notebooks für einen Preis von 800 € netto.

Aufgabe 2

Die Anschaffungskosten betragen 900 € netto (171 € Vorsteuer). Da das Notebook zu den geringwertigen Wirtschaftsgütern zählt, muss es über fünf Jahre abgeschrieben werden => Abschreibung im ersten Jahr = 900 € / 5 Jahre = 180 €.

Aufgabe 3

Bei der Bruchteilsgemeinschaft und der Miteigentümergemeinschaft verfügt das Mitglied über seinen Bruchteil völlig unabhängig von allen anderen Mitgliedern. Dagegen ist bei den anderen Formen nur ein gemeinsames Handeln möglich.

Aufgabe 4

Durch die Personenabhängigkeit werden Körperschaften von den Personalgesellschaften unterschieden. Zu den Körperschaften zählen der nicht rechtsfähige und der rechtsfähige Verein des Bürgerlichen Rechts (§§ 21 ff BGB) sowie die Kapitalgesellschaften des Handelsrechts, im Besonderen die Gesellschaft mit beschränkter Haftung und die Aktiengesellschaft.

Im Gegensatz zu den Personalgesellschaften sind Körperschaften nicht an den Bestand ihrer Mitglieder gebunden.

Aufgabe 5

Die Rechtsfähigkeit erlangt eine natürliche Person durch die Geburt (vgl. § 1 BGB).

Aufgabe 6

„Sachen im Sinne des Gesetzes sind nur körperliche Gegenstände" (§ 90 BGB).

Aufgabe 7

Geschäftsunfähig ist (§ 104 BGB):
1. wer nicht das siebente Lebensjahr vollendet hat,
2. wer sich in einem die freie Willensbestimmung ausschließenden Zustand krankhafter Störung der Geistestätigkeit befindet, sofern nicht der Zustand seiner Natur nach ein vorübergehender ist.

Aufgabe 8

Nach Vollendung des 7. Lebensjahres bis zur Vollendung des 18. Lebensjahres ist ein Mensch beschränkt geschäftsfähig.

Aufgabe 9

Der Minderjährige bedarf zu einer Willenserklärung, durch die er nicht lediglich einen rechtlichen Vorteil erlangt, der Einwilligung seines gesetzlichen Vertreters (§ 107 BGB). Der Geschäftsabschluss eines beschränkt geschäftsfähigen ist schwebend unwirksam – der gesetzliche Vertreter kann durch nachträgliche Zustimmung die Wirksamkeit herbeiführen (§§ 108, 184 BGB). Lehnt der gesetzliche Vertreter den Geschäftsabschluss ab, so ist das Rechtsgeschäft von Anfang an unwirksam (§ 108 BGB).

Aufgabe 10

Ein von dem Minderjährigen ohne Zustimmung des gesetzlichen Vertreters geschlossener Vertrag gilt als von Anfang an wirksam, wenn der Minderjährige die vertragsmäßige Leistung mit Mitteln bewirkt, die ihm zu diesem Zweck oder zu freier Verfügung von dem Vertreter oder mit dessen Zustimmung von einem Dritten überlassen worden sind (§ 110 BGB – so genannter Taschengeldparagraph).

Aufgabe 11

Das Geschäft ist nicht zustande gekommen, da 21 Uhr nach Geschäftsschluss ist und somit erst am 4. August das Dokument „ankommt". Damit gilt die Angebotsannahme als neues Angebot, das erst wieder neu vom Anbieter angenommen werden muss.

Aufgabe 12
Gemäß § 121 BGB muss die Anfechtung unverzüglich erfolgen müssen. Bei a) ist die Frist definitiv verstrichen. Der Kreditvertrag ist wirksam. Im Fall b) müssen die einzelnen Umstände gewürdigt werden, um festzustellen, ob der Vertrag wirksam ist.

Aufgabe 13
Sie werden nur dann Bestandteil eines Vertrags, wenn der Verwender bei Vertragsschluss (§ 305 Abs. 2 BGB):
- die andere Vertragspartei ausdrücklich oder, wenn ein ausdrücklicher Hinweis wegen der Art des Vertragsschlusses nur unter unverhältnismäßigen Schwierigkeiten möglich ist, durch deutlich sichtbaren Aushang am Ort des Vertragsschlusses auf sie hinweist und
- der anderen Vertragspartei die Möglichkeit verschafft, in zumutbarer Weise, die auch eine für den Verwender erkennbare körperliche Behinderung der anderen Vertragspartei angemessen berücksichtigt, von ihrem Inhalt Kenntnis zu nehmen,
- und wenn die andere Vertragspartei mit ihrer Geltung einverstanden ist.

Aufgabe 14
Folgende Rechtsfolgen ergeben sich bei Nichteinbeziehung oder Unwirksamkeit (§ 306 BGB):
- Sind AGB ganz oder teilweise nicht Vertragsbestandteil geworden oder unwirksam, so bleibt der Vertrag im Übrigen wirksam.
- Soweit die Bestimmungen nicht Vertragsbestandteil geworden oder unwirksam sind, richtet sich der Inhalt des Vertrages nach den gesetzlichen Vorschriften.
- Der Vertrag ist unwirksam, wenn das Festhalten an ihm ... eine unzumutbare Härte für eine Vertragspartei darstellen würde.

Aufgabe 15

Das BGB trennt zwischen dem Eigentum und dem Besitz an einer Sache. Unter Eigentum wird die rechtliche Verfügungsgewalt über eine Sache verstanden. Der Eigentümer kann über eine Sache beliebig verfügen, sofern er damit nicht Gesetze oder Rechte Dritter verletzt. Besitz ist hingegen die tatsächliche Verfügungsgewalt über eine Sache. Sie kann getrennt vom Eigentum vorliegen, mit diesem aber auch übereinstimmen.

Aufgabe 16

Eigentum an unbeweglichen Sachen erhält man durch Einigung vor dem Notar, dass das Eigentum übergehen soll – die so genannte „Auflassung" – und die Eintragung im Grundbuch.

Aufgabe 17

Bei der Besicherung von Immobilien lassen sich Hypothek und Grundschuld unterscheiden. Bei beiden erhält der Gläubiger die Möglichkeit, bei Nichtbedienung eines Kredites die Forderungen aus dem Grundstück zu bedienen.

Die Hypothek ist dabei an den Bestand der Forderung gebunden, die Grundschuld ist ungebunden. Damit erlischt die Hypothek mit Rückzahlung der Forderung (muss allerdings separat aus dem Grundbuch gelöscht werden), während die Grundschuld weiter besteht und neu mit einem Kredit belegt werden kann.

Aufgabe 18

Bei beweglichen Sachen werden Pfandrecht und Sicherungsübereignung als häufigste Instrumente eingesetzt. Beim Pfandrecht wird ein beschränkt dingliches Recht des Pfandgläubigers an einer Sache bestellt, so dass der Gläubiger im Fall des Zahlungsausfalls den verpfändeten Gegenstand verwerten kann. Die Sache wird dabei dem Gläubiger übergeben. Bei der Sicherungsübereignung übereignet der Schuldner dem Gläubiger hingegen eine bewegliche Sache, ohne diese zu übergeben.

Beim Pfandrecht verliert der Schuldner damit den Besitz, behält aber das Eigentum, bei der Sicherungsübereignung verliert er dagegen das Eigentum, behält aber den Besitz.

Aufgabe 19
Die Insolvenzmasse umfasst gemäß § 35 Insolvenzordnung das gesamte Vermögen, das dem Insolvenzschuldner zur Zeit der Eröffnung des Verfahrens gehört und das er während des Verfahrens erlangt.

Aufgabe 20
Der Anteil der Insolvenzmasse an den gesamten Verbindlichkeiten des Schuldners wird Insolvenzquote genannt.

Aufgabe 21
Unter der Aussonderung versteht man die Herausnahme von Gegenständen aus der Insolvenzmasse bedingt durch das Verlangen eines Dritten. Dies entsteht dann, wenn ein Gegenstand aufgrund dinglichen oder persönlichen Rechts eines Dritten nicht zur Insolvenzmasse zählt.

Aufgabe 22
Wenn ein Dritter ein bevorzugtes Recht auf besondere Befriedigung durch einen Massegegenstand geltend machen kann, spricht man von einer Absonderung. Bei einer Absonderung wird ein Massegegenstand verwertet und bis zur Höhe der Besicherung, etwa durch eine Grundschuld oder eine Sicherungsübereignung, dem bevorzugt Berechtigten ausgezahlt. Nur der darüber hinausgehende Betrag fließt in die Insolvenzmasse.

Aufgabe 23
Kaufmann ist, wer ein Handelsgewerbe betreibt (§ 1 HGB). Handelsgewerbe ist jeder Gewerbebetrieb, es sei denn, dass das Unternehmen nach Art oder Umfang einen in kaufmännischer Weise eingerichteten Geschäftsbetrieb nicht erfordert (§ 1 HGB).

Aufgabe 24
Ein Kannkaufmann ist ein Gewerbetreibender, der zwar nicht unter § 1 HGB fällt, der aber ins Handelsregister eingetragen ist. Es handelt sich somit nicht um ein Handelsgewerbe, der Kannkaufmann trägt seine Gesellschaft aber trotzdem ins Handelsregister ein.

Aufgabe 25

Formkaufmänner sind Handelsgesellschaften, bestimmte Vereine und Kapitalgesellschaften, die ihre Kaufmannseigenschaft durch ihre Rechtsform erhalten.

Aufgabe 26

Vertretung liegt vor, wenn jemand im Namen eines anderen rechtsgeschäftlich handelt. Hierzu muss diese Vertretungsbefugnis erteilt werden. Diese kann aufgrund gesetzlicher Bestimmungen bestehen, etwa die Vertretungsbefugnis der Eltern für ihre minderjährigen Kinder, aber auch aufgrund einer Vollmacht. Eine Vollmacht wird formfrei gegeben und kann durch Erklärung gegenüber einem Dritten, gegenüber dem die Vertretung stattfinden soll, oder durch öffentliche Bekanntmachung.

Aufgabe 27

Eine besondere Form der Vollmacht ist die Prokura. Sie kann nur von einem im Handelsregister eingetragenen Unternehmen erteilt werden und wird ebenfalls ins Handelsregister eingetragen. Die Prokura bevollmächtigt den Prokuristen zur Vollführung aller Rechtshandlungen, die der Betrieb eines Handelsgewerbes mit sich bringt. Nicht unter die Prokura fallen:

- Belastung von Grundstücken,
- Eintragung im Handelsregister,
- Unterschrift unter die Bilanz etc.,

da diese nur vom Geschäftsinhaber selbst vollführt werden können.

Die Prokura gibt es

- als Einzelprokura, die einem einzelnen Prokuristen erteilt wird,
- als Gesamtprokura, die nur mehrere Prokuristen gleichzeitig ausüben können, oder
- als Filialprokura, bei der die Prokura auf eine Filiale beschränkt ist.

Die Prokura erlischt mit der Löschung aus dem Handelsregister. Dies ist der Fall bei Widerruf der Prokura, Ausscheiden aus dem Betrieb, Tod des Prokuristen oder Auflösung des Unternehmens.

Aufgabe 28

Der Begriff des Handelsregisters ist durch § 8 HGB geschützt. Das Handelsregister wird von den Gerichten elektronisch geführt. Eine Eintragung in das Handelsregister gilt in dem Moment als wirksam, wenn die Handelsregistereintragung in den relevanten Datenspeicher aufgenommen ist und inhaltlich unverändert in lesbarer Form wiedergegeben werden kann (§ 8a HGB).

Das Handelsregister besteht aus zwei Abteilungen. In Abteilung A werden Einzelunternehmen, Personengesellschaften und rechtsfähige wirtschaftliche Vereine erfasst, in Abteilung B Kapitalgesellschaften.

Aufgabe 29

Handelsvertreter ist, wer als selbstständiger Gewerbetreibender ständig für einen Unternehmer Geschäfte vermittelt oder Geschäfte in dessen Namen abschließt. Er ist selbstständig, wenn er im Wesentlichen frei seine Tätigkeit gestalten und seine Arbeitszeit bestimmen kann (§ 84 Abs. 1 HGB).

Aufgabe 30

Handelsmakler ist, wer gewerbsmäßig für andere, ohne von ihnen ständig damit betraut zu sein, die Vermittlung von Verträgen über Gegenstände des Handelsverkehrs übernimmt (§ 93 HGB). Handelsmakler handeln in fremden Namen und auf fremde Rechnung. Weitere Ausführungen finden Sie in den §§ 93-104 HGB.

Aufgabe 31

1. Sichten der Unterlagen hin auf Vollständigkeit;
2. Aussortieren der ungeeigneten Bewerber;
3. Analyse der Unterlagen im Vergleich zum Anforderungsprofil;
4. Festlegung der Rangfolge der Bewerber;
5. Einladung zum Auswahlgespräch;
6. Durchführung des Auswahlgesprächs;
7. endgültige Festlegung der Rangfolge der Bewerber und Feststellung des geeignetsten Bewerbers;
8. Einholung der Zustimmung des Betriebsrats;
9. Information des Bewerbers;
10. Einstellung des Bewerbers als Mitarbeiter.

Aufgabe 32

1. Begrüßung	Gegenseitige Vorstellung
2. persönliche Situation	Herkunft, Familie, Wohnort
3. Bildungsgang	Schulische Vorbildung, Ausbildung, Weiterbildung, gegebenenfalls Fortbildung
4. beruflicher Werdegang	Erlernter Beruf, bisherige Tätigkeiten, Pläne für die Zukunft
5. Informationen über die Stelle	Arbeitsinhalte, Anforderungen an den Stelleninhaber
6. Vertragsverhandlung	Vergütung, Nebenabreden, Zusatzleistungen
7. Verabschiedung	Gesprächsfazit

Aufgabe 33

Unabhängig vom Arbeitsvertrag entstehen gewisse Vertragsbedingungen durch Gewohnheitsrecht. So ist ein Weihnachtsgeld, das drei Jahre lang wiederholt und ohne Vorbehalt gezahlt wird, danach immer zu zahlen (Vertrauenstatbestand!).

Aufgabe 34

Der Arbeitgeber kann das Entgelt mindern oder einbehalten, den Arbeitnehmer abmahnen oder kündigen und sogar Schadensersatz verlangen.

Aufgabe 35

Der Arbeitnehmer kann dagegen bei Pflichtverletzungen des Arbeitgebers seine Arbeitskraft einbehalten, kündigen oder auch Schadensersatz verlangen.

Aufgabe 36

Die regelmäßige Kündigungsfrist beträgt für Arbeiter und Angestellte vier Wochen. Sie verlängert sich gemäß § 622 BGB mit zunehmender Betriebszugehörigkeit.

Aufgabe 37
Vor jeder Kündigung ist der Betriebsrat zu hören. Wird dies versäumt, ist die Kündigung nichtig (§ 102 BetrVG).

Aufgabe 38
- werdende und junge Mütter,
- Betriebsräte,
- schwer behinderte Menschen,
- Personen in Berufsausbildung,
- Vertrauenspersonen der schwer behinderten Menschen

Aufgabe 39
Tarifverträge sind Verträge zwischen einzelnen Arbeitgebern oder Arbeitgeberverbänden mit Gewerkschaften, die auf der einen Seite arbeitsrechtliche Normen festschreiben (Beispiel: Inhalt von Arbeitsverträgen) und auf der anderen Seite die Rechte und Pflichten der Tarifparteien (Beispiel: Friedenspflicht) untereinander regeln. Basis von Tarifverträgen ist das Tarifvertragsgesetz. Der Tarifvertrag wird durch Unterschrift abgeschlossen. Er wird in das Tarifregister beim Arbeitsminister eingetragen, wobei dies für die Wirksamkeit des Tarifvertrages keine Wirkung hat.

Der Tarifvertrag kann nur für die Mitglieder der Tarifvertragsparteien gelten, aber auch für allgemeinverbindlich erklärt werden (letzteres erfolgt durch den Arbeitsminister). Daneben kann er bundesweit gelten, aber auch nur in einem Bezirk oder Bundesland.

Aufgabe 40
Ein Tarifvertrag erfüllt drei Funktionen:
1. die Ordnungsfunktion, indem er Arbeitsverträge normiert;
2. die Friedensfunktion, da er Arbeitskämpfe während der Laufzeit ausschließt;
3. die Schutzfunktion des Arbeitnehmers gegenüber dem Arbeitgeber

Aufgabe 41
Arbeitskämpfe lassen sich in
- Streiks und

- Aussperrungen

unterteilen.

Streiks sind die Maßnahmen der Arbeitnehmerseite. Ein Streik ist eine gemeinsame und planmäßige Arbeitsniederlegung einer größeren Anzahl von Arbeitnehmern, um gemeinsam das Streikziel zu erreichen. Ein Streik ist aber nur rechtmäßig, wenn

- er von einer Gewerkschaft geführt wird,
- die Gewerkschaft vorher alle friedlichen Möglichkeiten auf eine Einigung ausgeschöpft hat,
- nicht gegen die Grundregeln des Arbeitsrechts oder gegen die faire Kampfführung verstoßen wird,
- sich der Streik gegen einen Arbeitgeber oder einen Arbeitgeberverband richtet,
- es sich um die kollektive Regelung von Arbeitsbedingungen geht,

Ein Streik ist beendet, wenn die Mehrzahl der streikenden Arbeitnehmer die Arbeit wieder aufnimmt oder die Gewerkschaft den Streik für beendet erklärt.

Eine Aussperrung ist die Möglichkeit der Arbeitgeber gegen die Arbeitnehmerseite. Es handelt sich hierbei um den planmäßigen Ausschluss einer größeren Anzahl von Arbeitnehmern von der Arbeit. Auch hier sind eine Reihe von Voraussetzungen zu erfüllen, damit die Aussperrung rechtmäßig ist:

- er ist von einem Arbeitgeber zu führen,
- es muss das letzte Mittel sein,
- die Aussperrung darf nicht gegen die Grundregeln des Arbeitsrechts oder gegen die faire Kampfführung verstoßen wird,
- die Aussperrung muss sich gegen eine Gewerkschaft richten,
- es muss um die kollektive Regelung von Arbeitsbedingungen gehen.

Aufgabe 42

Als Maßnahme zur Beendigung von Tarifstreitigkeiten kann die Schlichtung vereinbart werden. Diese wird zwischen den Tarifparteien vereinbart. Der Staat darf wegen der in Art. 9 des Grundgesetzes garantierten Tarifautonomie keine staatliche Zwangsschlichtung verlangen.

Aufgabe 43

Der Betriebsrat wird durch das Betriebsverfassungsgesetz legitimiert. Das Betriebsverfassungsgesetz regelt allgemein die Zusammenarbeit zwischen Arbeitgeber und Arbeitnehmern. Danach sollen Arbeitgeber und Betriebsrat zum Wohl von Unternehmen und Belegschaft zusammenarbeiten. Geregelt werden im Betriebsverfassungsgesetz die Mitwirkungs- und Mitbestimmungsrechte des Betriebsrates. Arbeitnehmer im Sinne des Betriebsverfassungsgesetz sind Arbeiter und Angestellte inklusive der Auszubildenden (§ 5 Abs. 1 BetrVG).

Aufgabe 44

Allgemein hat der Betriebsrat die Aufgaben (§ 80 BetrVG),

- darüber zu wachen, dass die zugunsten der Arbeitnehmer geltenden Gesetze, Verordnungen, Unfallverhütungsvorschriften, Tarifverträge und Betriebsvereinbarungen durchgeführt werden;

- Maßnahmen, die dem Betrieb und der Belegschaft dienen, beim Arbeitgeber zu beantragen;

- die Durchsetzung der tatsächlichen Gleichstellung von Frauen und Männern, insbesondere bei der Einstellung, Beschäftigung, Aus-, Fort- und Weiterbildung und dem beruflichen Aufstieg, zu fördern:

- die Vereinbarkeit von Familie und Erwerbstätigkeit zu fördern;

- Anregungen von Arbeitnehmern und der Jugend- und Auszubildendenvertretung entgegenzunehmen und, falls sie berechtigt erscheinen, durch Verhandlungen mit dem Arbeitgeber auf eine Erledigung hinzuwirken; er hat die betreffenden Arbeitnehmer über den Stand und das Ergebnis der Verhandlungen zu unterrichten;

- die Eingliederung Schwerbehinderter und sonstiger besonders schutzbedürftiger Personen zu fördern;

- die Wahl einer Jugend- und Auszubildendenvertretung vorzubereiten und durchzuführen;

- die Beschäftigung älterer Arbeitnehmer zu fördern und zu sichern;

- die Integration ausländischer Arbeitnehmer im Betrieb und das Verständnis zwischen ihnen und den deutschen Arbeitnehmern zu fördern, sowie Maßnahmen zur Bekämpfung von Rassismus und Fremdenfeindlichkeit im Betrieb zu beantragen;

- die Beschäftigung im Betrieb zu fördern und zu sichern;

- Maßnahmen des Arbeitsschutzes und des betrieblichen Umweltschutzes zu fördern.

Aufgabe 45

Die Beteiligungsrechte des Betriebsrates finden sich in den §§ 87-112 BetrVG lassen sich wie folgt klassifizieren:
- Mitwirkungsrechte
o Informationsrecht
o Beratungsrecht
o Anhörungsrecht
o Vorschlagsrecht
- Mitbestimmungsrechte
o Vetorecht
o Zustimmungsrecht
o Initiativrecht

Aufgabe 46

Der Betriebsrat besteht bei Betrieben (§ 9 BetrVG)
- mit 5-20 wahlberechtigten Arbeitnehmern aus einer Person,
- mit 21-50 wahlberechtigten Arbeitnehmern aus drei Personen,
- mit 51-100 wahlberechtigten Arbeitnehmern aus fünf Personen und steigt bei Betrieben
- mit 7.001-9.000 wahlberechtigten Arbeitnehmern aus 35 Personen.

Je angefangene 3.000 Arbeitnehmer steigt die Zahl um zwei Personen.

Aufgabe 47

Die Amtszeit des Betriebsrats beträgt vier Jahre, regelmäßige Betriebsratswahlen finden alle vier Jahre statt (§ 13 BetrVG).

Aufgabe 48

- das Arbeitsschutzgesetz
- das Arbeitssicherheitgesetz
- die Arbeitsstättenverordnung
- das Chemikaliengesetz

Aufgabe 49
Das Wettbewerbsrecht hat die Aufgabe, Wettbewerbsstöße von Marktteilnehmern zu unterbinden.

Aufgabe 50
§ 5 UWG verbietet irreführende Werbung. Danach muss Lockvogel-Ware mindestens für zwei Tage vorrätig sein, manipulierte Preisnachlässe sind verboten. Damit ist die Vorgehensweise der A-AG wettbewerbsrechtlich unzulässig.

Aufgabe 51
Wichtigste Normierungen des Gewerberechts sind
- die Gewerbeordnung
- die Handwerksordnung
- das Gaststättengesetz

Aufgabe 52
Der Begriff der Steuern ist in § 3 AO definiert. Danach sind Steuern Geldleistungen, die nicht eine Gegenleistung für eine besondere Leistung darstellen, und von Bund, Ländern und Gemeinden erhoben werden.
Im Gegensatz zu Steuern sind Gebühren Entgelte für bestimmte öffentliche Leistungen, z. B. Verwaltungsgebühren für die Zulassung eines Kfz. Im Gegensatz zu den Gebühren sind letztlich Beiträge Entgelte für solche bestimmte öffentliche Leistungen, deren tatsächliche Inanspruchnahme unabhängig von der Erhebung der Beiträge ist. Beispiel dafür sind etwa die Sozialversicherungsbeiträge oder Kurtaxen.

Aufgabe 53
Zur Entrichtung der Steuer ist der Steuerschuldner verpflichtet. Davon ist der Steuerpflichtige zu unterscheiden. Beispielsweise ist der Arbeitnehmer Steuerpflichtiger für die Lohnsteuer, Steuerschuldner ist nach Lohnsteuergesetz aber der Arbeitgeber.

Aufgabe 54

Die steuerliche Buchführungspflicht ergibt sich aus den §§ 140 und 141 AO. Gemäß § 140 AO ist jeder steuerrechtlich buchführungspflichtig, wer dies nach einem anderen Gesetz bereits ist (beispielsweise durch den § 242 HGB). Durch den § 141 AO werden auch verschiedene andere Unternehmer und Land- und Forstwirte buchführungspflichtig nach dem Steuerrecht, die bestimmte Schwellenwerte überschreiten.

Aufgabe 55

Im Einkommensteuergesetz werden die unbeschränkte und die beschränkte Steuerpflicht unterschieden. Unbeschränkt steuerpflichtig sind danach alle natürlichen Personen, die im Bundesgebiet einen Wohnsitz haben oder sich dort gewöhnlich aufhalten. Die Einkommensteuerpflicht bezieht sich auch auf die im Ausland bezogenen Einkünfte (§ 1 Abs. 1 EStG).

Beschränkt steuerpflichtig sind Personen, die im Inland weder einen Wohnsitz haben noch sich dort gewöhnlich aufhalten, aber inländische Einkünfte erzielt haben (§ 1 Abs. 3 EStG).

Aufgabe 56

Die Wohnsitzfrage ist in § 8 AO definiert. Einen Wohnsitz hat danach jemand dort, wo er eine Wohnung unter solchen Umständen innehat, die darauf schließen lassen, dass er die Wohnung behalten oder benutzen wird. Der gewöhnliche Aufenthalt wird dadurch definiert, dass jemand sich so an einem Ort oder in einem Gebiet aufhält, dass darauf schließen lässt, dass dies nicht nur vorübergehend ist (§ 9 AO). Ein zusammenhängender Aufenthalt von mehr als sechs Monaten ist als gewöhnlicher Aufenthalt anzusehen, wobei kurzfristige Unterbrechungen in den sechs Monaten unberücksichtigt bleiben.

Aufgabe 57

Insgesamt unterscheidet das Einkommensteuergesetz sieben Einkunftsarten: die Einkünfte

- aus Land- und Forstwirtschaft
- aus Gewerbebetrieb
- aus selbstständiger Arbeit
- aus nichtselbstständiger Arbeit
- aus Kapitalvermögen

- aus Vermietung und Verpachtung sowie
- sonstige Einkünfte

Aufgabe 58

Von den Einkünften abzuziehen sind die Betriebsausgaben. Diese stellen Aufwendungen dar, die durch den Betrieb veranlasst wurden. Abzugsfähig sind sie bei Einkünften aus Land- und Forstwirtschaft, Gewerbebetrieb und selbstständiger Tätigkeit.

Davon zu trennen sind die Werbungskosten. Werbungskosten sind Aufwendungen zur Erwerbung, Sicherung und Erhaltung der Einnahmen. Sie sind bei der Einkunftsart abzuziehen, bei der sie erwachsen sind. Dies ist etwa bei den Einkünften aus nichtselbstständiger Arbeit der Fall.

Aufgabe 59

Für die Berechnung der Steuerzahlung relevant sind nur die echten Betriebsausgaben eines Steuerpflichtigen, nicht aber privat veranlasste Ausgaben. Damit sind dem Ergebnis vor Steuern von 200.000 € die privat veranlassten Ausgaben in Höhe von 50.000 € zuzurechnen.

Die Körperschaftsteuer beträgt 250.000 € × 15% = 37.500 €. Darauf werden 5,5% Solidaritätszuschlag erhoben = 5,5% × 37.500 € = 2.062,50 €

Aufgabe 60

Der Steuersatz für die Gewerbesteuer ist nicht einheitlich. Zum einen gibt es Freibeträge (§ 11 GewStG), zum anderen haben die Gemeinden ein so genanntes Hebesatzrecht. Der Steuermessbetrag der Gewerbesteuer wird mit dem Hebesatz multipliziert, der von Gemeinde zu Gemeinde unterschiedlich sein kann, sich aber nicht innerhalb einer Gemeinde unterscheiden kann. Das Minimum für den Hebesatz liegt bei 200 Prozent (§ 16 Abs. 4 Satz 2 GewStG).

Aufgabe 61

Der Steuersatz für die Umsatzsteuer beträgt normalerweise 19%. Einen ermäßigen Steuersatz gibt es u. a. für Lebensmittel oder Bücher mit 7%. Daneben gibt es nicht steuerbare Umsätze, für die damit rechnerisch ein Steuersatz von 0% gilt.

4 Aufgaben zur Unternehmensführung

Aufgabe 1

In einem Unternehmen werden Mitarbeiter über 55 Jahre beschäftigt. Welche Folgen hat dies für die Personalentwicklung?

Aufgabe 2

Was sind die relevanten Informationen zur Entgeltzahlung auf der Lohnsteuerkarte?

Aufgabe 3

Auf welche Weise ist der Betriebsrat bei der Kündigung eines Mitarbeiters zu berücksichtigen?

Aufgabe 4

Wie kann ein Mitarbeiter gegen eine Kündigung vorgehen?

Aufgabe 5

Was bedeutet MbO?

Aufgabe 6

Wie werden die Ziele im MbO ermittelt?

Aufgabe 7

Wie werden Mitarbeiter im MbO in die Zielvereinbarung einbezogen?

Aufgabe 8

Welche Vor- und Nachteile hat das MbO?

Aufgabe 9

Was ist die strategische Planung?

Aufgabe 10
Welche Kriterien verwendet die BCG-Matrix?

Aufgabe 11
In welche Kategorien werden Geschäftsfelder nach der BCG-Matrix eingeordnet?

Aufgabe 12
Was ist Aufgabe der operativen Planung?

Aufgabe 13
Worin unterscheiden sich Bottom-Up- und Top-Down-Verfahren?

Aufgabe 14
Was ist der Break-Even-Punkt?

Aufgabe 15
Ein Unternehmen verkauft ein Produkt zum Preis von 8 € bei Stückkosten von 3 €. Die Fixkosten betragen 150.000 €. Wo liegt der Break-Even-Punkt?

Aufgabe 16
Wie werden die Gesamtaufgaben eines Unternehmens im Rahmen der Aufbauorganisation aufgeteilt?

Aufgabe 17
Nennen Sie mögliche Kriterien für die Zerlegung der Gesamtaufgaben in Teilaufgaben!

Aufgabe 18
Was ist eine „Stelle" und wie wird eine „Stelle" beschrieben?

Aufgabe 19
Was ist die funktionale Organisation?

Aufgabe 20
Was ist die Matrixorganisation?

Aufgabe 21
Was ist die Divisionalorganisation?

Aufgabe 22
Was legt die Arbeitsplanung z. B. für ein Fertigerzeugnis fest?

Aufgabe 23
Was bedeuten die Begriffe „Durchlaufzeit", die „Rüstzeit" und die „Transportzeit"?

Aufgabe 24
Was ist die Primärforschung?

Aufgabe 25
Was ist die Sekundärforschung?

Aufgabe 26
Nennen Sie fünf Möglichkeiten, Daten für die Sekundärforschung zu gewinnen!

Aufgabe 27
Welche Vor- und Nachteile weist die Sekundärforschung aus?

Aufgabe 28
Welche Methoden der Primärforschung lassen sich unterscheiden?

Aufgabe 29
Was ist die Wertanalyse?

Aufgabe 30
Was beinhaltet die Motivationstheorie von Maslow?

Aufgabe 31
Was beinhaltet die 2-Faktoren-Theorie von Herzberg?

Aufgabe 32
Welches Ziel hat die Personalplanung?

Aufgabe 33
Welche Aufgaben hat die Personalplanung?

Aufgabe 34
Nennen Sie Verfahren zur Ermittlung des Bruttopersonalbedarfs!

Aufgabe 35
Welche Vorteile hat die interne Personalbeschaffung?

Aufgabe 36
Welche Nachteile hat die interne Personalbeschaffung?

Aufgabe 37
Welche Kriterien zur Entgeltfindung lassen sich unterscheiden?

Aufgabe 38
Welche Entlohnungsformen lassen sich unterscheiden und wie werden diese definiert?

Aufgabe 39
Welche Instrumente der Weiterbildung lassen sich unterscheiden?

Aufgabe 40
Welche Bereiche der Fortbildung lassen sich unterscheiden?

Aufgabe 41
Welche Sachverhalte muss der Vorgesetzte erkennen, um die innerbetriebliche Förderung optimal durchzuführen?

Aufgabe 42
Was sind Jobenrichment, Jobenlargement und Jobrotation?

Aufgabe 43
Wie unterscheiden sich Unternehmens- und Mitarbeiterbedürfnisse in der Personalwirtschaft?

Aufgabe 44
Welche generellen Aufgaben hat die Personalwirtschaft in einem Unternehmen?

Aufgabe 45
Aus welchen Sichtweisen kann die Belegschaft eines Unternehmens betrachtet werden?

Aufgabe 46
Welche Einteilung des Personals erfolgt aus arbeitsrechtlicher Sicht? Welche Tätigkeiten werden in der jeweiligen Ebene vorrangig ausgeübt?

Aufgabe 47
Nennen Sie die Träger der Personalwirtschaft.

Aufgabe 48

Benennen Sie Haupt- und Nebenziele einer Personalwirtschaft.

Aufgabe 49

Was bezeichnet man als Personalpolitik? Welche Bereiche bezüglich der Personalpolitik sprechen für eine ausgerichtete Unternehmenskultur?

Aufgabe 50

Wie erfolgt die Einteilung des Personalwesens in die Betriebsstruktur? Welcher Faktor sollte hierbei stets beachtet werden?

Aufgabe 51

Welche Organisation der Personalwirtschaft in die Hierarchie des Unternehmens gewährleistet eine unabhängige Einteilung zu Unternehmensbereichen?

Aufgabe 52

Welchen Nachteil hat eine Unterordnung der Personalwirtschaft unter die Führung eines Zwischenvorgesetzen in die 3. Hierarchiestufe?

Aufgabe 53

Nennen Sie Vor- und Nachteile einer Einteilung der Personalwirtschaft in die Spartenorganisation eines Unternehmens.

Aufgabe 54

Was unterscheidet die Zuordnung der Personalwirtschaft in ein Cost-Center zu der Einteilung in ein Profit- Center?

Aufgabe 55

Welche Anforderungen werden an Beschäftigte im Personalbereich gestellt?

Aufgabe 56

Definieren Sie individuelles und kollektives Arbeitsrecht.

Aufgabe 57
Welche arbeitsrechtlichen Bestimmungen finden sich im BGB, im HGB, in Tarifverträgen und in Betriebsvereinbarungen?

Aufgabe 58
Welchen Unterschied gibt es zwischen Arbeitsverhältnis und Arbeitsvertrag?

Aufgabe 59
Welche Pflichten ergeben sich aus dem Arbeitsverhältnis für Arbeitgeber und Arbeitnehmer?

Aufgabe 60
Aus welchen Gründen kann ein Arbeitsverhältnis beendet werden?

Aufgabe 61
Nennen und beschreiben Sie die Hauptbestandteile des Schuldrechts in einem Tarifvertrag.

Aufgabe 62
Welche Grundsätze gelten für die Zusammenarbeit zwischen Betriebsrat und Arbeitgeber?

Aufgabe 63
In welchem Bereich ist die Beteiligung des Betriebsrates besonders ausgeprägt? Zählen Sie 5 Elemente hieraus auf.

Aufgabe 64
Wie heißen die 3 Instanzen der Arbeitsgerichtsbarkeit?

Aufgabe 65
Was ist der Ausgangspunkt für die Planung des Personalbedarfs? Wie kann die Personalbedarfsplanung unterteilt werden?

Aufgabe 66
Welche unternehmensexternen Faktoren beeinflussen die Personalbedarfsplanung und welche Auswirkungen könnte dies haben?

Aufgabe 67
Was versteht man unter dem Bruttopersonalbedarf und wie setzt sich dieser zusammen?

Aufgabe 68
Wie definiert sich der Ersatzbedarf und wie wird dieser berechnet?

Aufgabe 69
Welche Faktoren berücksichtigt eine mittelfristige Personalbedarfsplanung?

Aufgabe 70
Welche Methoden zur Personalbedarfsplanung sind Ihnen bekannt?

Aufgabe 71
Welche organisatorischen Verfahren zur Ermittlung des Personalbedarfs sind Ihnen bekannt?

Aufgabe 72
Welche Statistiken kommen in der Personalbedarfsplanung zur Anwendung?

Aufgabe 73
Zeigen Sie Wege interner Personalbeschaffung mit Beispielen auf.

Aufgabe 74
Welche Maßnahmen zur Personalbeschaffung außerhalb des Unternehmens sind Ihnen bekannt? Nennen Sie Beispiele.

Aufgabe 75

Welche Attribute sollte eine wirksame Anzeigengestaltung beinhalten?

Aufgabe 76
Welche Elemente helfen bei der Beurteilung von Arbeitszeugnissen?

Aufgabe 77
Welche Angaben enthält ein Lebenslauf? In welcher Form kann dieser verfasst werden?

Aufgabe 78
Wie können Lebensläufe analysiert werden und wie können diese bewertet werden?

Aufgabe 79
Mit welchem Hilfsmittel kann ein direkter Einblick in die Qualifikation gegeben werden? Welche Arten unterscheidet man?

Aufgabe 80
Welche Kriterien können in einem Vorstellungsgespräch Aufschluss über den Bewerber geben?

Aufgabe 81
Welche Merkmale treffen auf die Assessment Center Methode zu?

Aufgabe 82
Welche Regelungen sollten in einem Arbeitsvertrag unbedingt enthalten sein?

Aufgabe 83
Womit beschäftigt sich die Personaleinsatzplanung? Wie unterscheiden sich unternehmensbezogene von den mitarbeiterbezogenen Zielen?

Aufgabe 84
Definieren Sie Stelle und Stellenplan.

Aufgabe 85
Welche Funktionen erfüllt die Stellenbeschreibung innerhalb der Personalwirtschaft?

Aufgabe 86
Nennen Sie 4 Kriterien einer menschengerechten Arbeitsgestaltung.

Aufgabe 87
Was kann mit der inhaltlichen Arbeitsgestaltung erreicht werden? Nennen Sie 3 Formen der inhaltlichen Gestaltung.

Aufgabe 88
Wie unterscheiden sich Reihenfertigung und Fließfertigung?

Aufgabe 89
Welche Vorteile können durch Personal Leasing erreicht werden?

Aufgabe 90
Welche Regelungen beinhaltet das Mutterschutzgesetz?

Aufgabe 91
Welches Ziel verfolgt die Personalentwicklung?

Aufgabe 92
Welche unternehmensbezogenen und welche mitarbeiterbezogenen Sichtweisen können unterschieden werden?

Aufgabe 93
Welche Aufgaben werden für die Personalentwicklung festgestellt?

Aufgabe 94

Welche Bereiche der Personalentwicklung werden unterschieden? Orientieren Sie sich an der individuellen und an der kollektiven Bildung.

Aufgabe 95
Welche Vorteile hat eine berufliche Umschulung?

Aufgabe 96
Was bedeutet die Organisationsentwicklung für das Personalwesen?

Aufgabe 97
Nennen Sie Voraussetzungen für die Durchführung von Bildungsmaßnahmen.

Aufgabe 98
Welche Systematisierung ist geeignet für die unterschiedlichen Methoden der Personalentwicklung?

Aufgabe 99
Nennen Sie das Hauptziel der Personalfreisetzung.

Aufgabe 100
Nennen Sie Beispiele für unternehmensinterne und unternehmensexterne Ursachen der Personalfreisetzung.

Aufgabe 101
Wann ist eine Einsparung an Arbeitskräften im Hinblick auf den Produktionsplan nicht notwendig?

Aufgabe 102
Welche personalpolitischen Maßnahmen zur Vermeidung der Personalfreisetzung sind Ihnen bekannt?

Aufgabe 103
Nennen Sie diverse arbeitszeitverkürzende Faktoren.

Aufgabe 104
Was ist ein Aufhebungsvertrag und welche Vorteile ergeben sich dadurch?

Aufgabe 105
Welche generellen Kündigungsarten und welche Sonderform gibt es?

Aufgabe 106
Welche Bedingungen gelten als anerkannt, wenn eine personenbedingte Kündigung ausgesprochen wird?

Aufgabe 107
Wie unterscheiden sich verhaltens- und betriebsbedingte Kündigungen?

Aufgabe 108
Welche Gründe müssen für eine fristlose Kündigung vorliegen?

Aufgabe 109
Was bezeichnet man als Abmahnung?

Aufgab 110
Welche Personengruppen genießen einen besonderen Kündigungsschutz?

Aufgabe 111
Was ist die Grundlage der Motivation im Leistungserhaltungsprozess? Welche unterschiedlichen Motive gibt es?

Aufgabe 112
Beschreiben Sie die Bedürfnispyramide von Maslow.

Aufgabe 113

Nennen Sie Beispiele für Sicherheitsbedürfnisse und für Achtungsbedürfnisse.

Aufgabe 114
Welche Wirkungskette könnten vielseitige, selbstständig ausgeführte Aufgaben für den Mitarbeiter und das Unternehmen haben?

Aufgabe 115
Nennen Sie Faktoren für ein gutes und für ein schlechtes Betriebsklima.

Aufgabe 116
Welche Handlungen beschreiben Tatbestände des Mobbing?

Aufgabe 117
Welche Merkmale sind charakteristisch für die Personalführung?

Aufgabe 118
Zählen Sie verschiedene Theorien zur Machtausübung auf.

Aufgabe 119
Nennen Sie Beispiele für interaktive und für organisatorische Führung.

Aufgabe 120
Welche Attribute sollte eine Führungspersönlichkeit aufweisen?

Aufgabe 121
Welche unsichtbaren Strukturen, die eine Führung im Unternehmen beeinflussen können, sind Ihnen bekannt?

Aufgabe 122
Was versteht man unter einem Führungsstil und welches sind die Grundausrichtungen?

Aufgabe 123
Wie unterscheiden sich das mitarbeiterorientierte und das aufgabenorientierte Führungsverhalten?

Aufgabe 124
Was bedeutet Delegation von Aufgaben und welche Faktoren müssen dabei abgestimmt werden?

Aufgabe 125
Welche Arten der Kontrolle über Mitarbeiter kann eine Führungskraft nutzen?

Aufgabe 126
Nennen Sie Hinweise für eine optimale Kontrolle.

Aufgabe 127
Welche Anlässe für Mitarbeitergespräche sind Ihnen bekannt?

Aufgabe 128
Welche Vor- und Nachteile ergeben sich aus einer indirekten Gesprächsführung?

Aufgabe 129
Beschreiben Sie den organisatorischen Rahmen einer Besprechung.

Aufgabe 130
Nennen Sie 3 Führungsgrundsätze.

Aufgabe 131
Welche Beispiele für Einsatzmöglichkeiten sehen Sie für einen unabhängigen, welche für einen lebhaften Mitarbeiter?

Aufgabe 132
Welche Gründe sehen Sie in der gestiegenen Coaching- Bereitschaft?

Aufgabe 133
Zählen Sie die Formen des Einzel- bzw. des Gruppencoachings auf.

Aufgabe 134
Was ist ein Anreizsystem? Wie gliedern sich Anreizsysteme und welches Element hat eine übergeordnete Bedeutung?

Aufgabe 135
Aus welchen Komponenten setzt sich die Entlohnung für einen Mitarbeiter zusammen? Was versteht man unter absoluter und relativer Lohnhöhe?

Aufgabe 136
Wie können Löhne und Gehälter bezüglich der Gerechtigkeit aufgeteilt werden?

Aufgabe 137
Nennen Sie die Hauptlohnformen. Was verstehen Sie unter einem Leistungslohnsystem?

Aufgabe 138
Charakterisieren Sie den Zeitlohn. Welche Berufsgruppen fallen darunter?

Aufgabe 139
Unter welchen Umständen ist die Anwendung eines Zeitlohnes denkbar?

Aufgabe 140
Welche Nachteile hat der Akkordlohn für einen Mitarbeiter? Welche Vorteile entstehen aus Sicht des Unternehmens?

Aufgabe 141
Was wird als die 5 Säulen der Sozialversicherung bezeichnet?

Aufgabe 142
Welche Vorteile hat die Gewährung von freiwilligen sozialen Leistungen seitens des Arbeitgebers?

Aufgabe 143
Nennen Sie Formen der Erfolgsbeteiligung und dazu je ein Beispiel.

Aufgabe 144
Welche weiteren sozialen Leistungen kann ein Unternehmen gewähren, um seine Attraktivität zu steigern?

Aufgabe 145
Nennen Sie die Ziele für den Einsatz der betrieblichen Sozialarbeit.

Aufgabe 146
Mit welchen Grundsätzen sollte die Sozialarbeit eingeführt werden?

Aufgabe 147
Welche Informationssysteme benutzt die Personalwirtschaft? Welcher Aspekt spielt hier eine bedeutende Rolle?

Aufgabe 148
Wie lassen sich die Anforderungen an die Personalverwaltung formulieren?

Aufgabe 149
Nennen Sie Beispiele für praktische Tätigkeiten einer Personalverwaltung.

Aufgabe 150
Auf welche unterschiedlichen Quellen lassen sich Personaldaten zurückführen?

Aufgabe 151
Definieren Sie das Personalinformationssystem.

Aufgabe 152
Wozu dient eine Personalakte und welche Grundsätze sollten dabei eingehalten werden?

Aufgabe 153
Nennen Sie alle Abzüge aus dem Weg vom Brutto- zum Nettoentgelt.

Aufgabe 154
Im Rahmen der Statistik zur Personalstruktur können Arbeitsverhältnisse bzw. Arbeitnehmer nach bestimmten Kriterien unterschieden werden. Nennen Sie 4 Kriterien.

Aufgabe 155
Nennen Sie Arten der Personalbewegung.

Aufgabe 156
Zählen Sie Arbeiten unter Zuhilfenahme eines elektronischen Personalwesensystems auf, die bei einer Beendigung eines Arbeitsverhältnisses anfallen.

Aufgabe 157
Welche Anlässe für eine Personalbeurteilung gibt es?

Aufgabe 158
Benennen Sie verschiedene Ziele einer Beurteilung.

Aufgabe 159
Erklären Sie das Einstufenverfahren zur Personalbeurteilung und geben Sie einen Hinweis auf die Anwendung in Wirtschaftsunternehmen.

Aufgabe 160

Welche Vorteile haben die Beurteilungen durch Kollegen und die Selbstbeurteilung?

Aufgabe 161

Welche allgemeingültigen Richtlinien müssen bei der Erstellung von Arbeitszeugnissen beachtet werden?

Aufgabe 162

Nennen Sie inhaltliche Vorschriften bei der Formulierung eines Arbeitszeugnisses.

Aufgabe 163

Unterscheiden Sie verschiedene Arten von Arbeitszeugnissen. Welcher Unterschied ist hierbei zu erkennen?

Aufgabe 164

Was verstehen Sie unter einer verdeckten Zeugnissprache? Wodurch ist diese gekennzeichnet und aus welchem Grund ist sie entstanden?

Aufgabe 165

Durch welchen Zusammenhang kann die Aussagekraft eines Zwischenzeugnisses erschwert werden?

Aufgabe 166

Unter den heutigen Umwelt- und Umfeldbedingungen lassen sich Trends und Entwicklungstendenzen der Personalwirtschaft erkennen. Zählen Sie diverse Trends auf.

Aufgabe 167

Welche neuen Anforderungen werden seitens der Arbeitnehmer an eine Arbeit gestellt?

Aufgabe 168

Zählen Sie einige Einflussfaktoren für das Angebot an Arbeit auf.

Aufgabe 169
Welche Auswirkungen wird der technologische Wandel für die Personalwirtschaft der Zukunft haben? Welcher Wirtschaftszweig gewinnt an Bedeutung?

Aufgabe 170
In welchen Bereichen werden Frauen in der Zukunft vorrangig eingesetzt werden können?

Aufgabe 171
Worin unterscheiden sich der polyzentrische, der geozentrische und der ethnozentrische Ansatz im Bereich des internationalen Personalwesens?

Aufgabe 172
Warum könnten Mitarbeiter negativ reagieren bei der Einführung von neuen technologischen Verbesserungen?

Aufgabe 173
Welche Maßnahmen zur Sicherung der bestehenden Arbeitsplätze sind Ihnen bekannt?

Aufgabe 174
Nennen Sie Faktoren, die für die Qualifikation von Führungskräften in der Zukunft notwendig sein werden.

Aufgabe 175
Was muss bei der Einführung neuer Arbeitszeitregelungen beachtet werden?

Aufgabe 176
Was kennzeichnet einen flexiblen, an die Umweltbedingungen angepassten Mitarbeiter aus?

Aufgabe 177

Welche Probleme treten bei der Möglichkeit für Arbeitnehmer auf, zwischen dem Entgelt und Unternehmens- und Sozialleistungen des Arbeitgebers zu wählen?

Aufgabe 178
Welche Charakteristik ergibt sich aus der Orientierung an flachen Hierarchien und Verwaltungsstrukturen für das Personalwesen?

Aufgabe 179
Was sollte im Vorfeld einer Qualitätsausrichtung im Unternehmen mit den Mitarbeitern besprochen werden?

Aufgabe 180
Wann ist eine Organisation oder ein Management innovativ?

Aufgabe 181
Welche Wirkungen haben Visionen auf Mitarbeiter?

Aufgabe 182
Welche Anforderungen werden an eine Führungskraft mit der Forderung nach ganzheitlichem Management gestellt?

Aufgabe 183
In welchen Punkten unterscheidet sich das Personalcontrolling von dem herkömmlichen Controlling in Unternehmungen?

Aufgabe 184
Wie unterscheiden sich operatives und strategisches Personalcontrolling?

Aufgabe 185
Nennen Sie Ziele eines effektiven Personalcontrollings.

Aufgabe 186

Nennen Sie die 3 Ebenen des Personalcontrollings und geben Sie je ein Beispiel.

Aufgabe 187
Zählen Sie verschiedene Instrumente des Personalcontrollings auf.

Aufgabe 188
Wie unterscheiden sich die personalpolitischen Maßnahmen bei unterschiedlichen Unternehmensstrategien? Gehen Sie auf die Wachstums,- Konsolidierungs,- Diversifikations- und Rückzugsstrategie ein.

Aufgabe 189
Definieren Sie das prozessorientierte Personalcontrolling und nennen Sie die Ziele.

Aufgabe 190
Wie werden die Kosten in der Prozesskostenrechnung im Personalwesen aufgeteilt? Welchen Vorteil hat diese Einteilung?

Aufgabe 191
Welche Anforderungen werden an einen Personalcontroller gestellt?

Aufgabe 192
Nennen Sie Beispiele für Aufgaben des Personalcontrolling aus den Bereichen Personalbeschaffung, Personalentwicklung und Personalfreisetzung.

Aufgabe 193
Welche Problemfelder sehen Sie bei der Integration des Personalcontrollings in die Unternehmensorganisation?

Aufgabe 194
Was verstehen Sie unter dem Ausdruck „*betriebliches Zielsystem*" ? Nennen Sie gleichzeitig das Hauptziel jedes Unternehmens!

Aufgabe 195

Wie lassen sich die Ziele des Unternehmens einteilen? Geben Sie 3 Untergliederungen mit je einem Beispiel an.

Aufgabe 196

Welches Risiko entsteht bei ungenauen, unbegrenzten Zielvorgaben des Unternehmens?

Aufgabe 197

Was ist Planung und welche Aufgaben und Anforderungen bestehen für die Planungsabteilung eines Unternehmens?

Aufgabe 198

Welche Bedeutung hat die Planung für das betriebliche Zielsystem?

Aufgabe 199

Was wird strategisch und was wird operativ im Unternehmen geplant?

Aufgabe 200

Welchen zeitlichen Horizont hat die strategische bzw. operative Planung?

Aufgabe 201

Was ist auf operativer Ebene notwendig, um die strategische Planungsziele zu erreichen?

Aufgabe 202

Erklären Sie den Zusammenhang zwischen strategischer und operativer Planung am Beispiel eines langfristig geplanten Absatzplanes und kurzfristig aufgetretenen Produktionsengpässen!

Aufgabe 203

Wodurch ermöglicht die betriebliche Statistik die Bewertung vergangenheitsbezogener, aktueller oder zukünftiger Entwicklungen?

Aufgabe 204
Was unterscheidet die Vergleichsrechnung von der Planungsrechnung?

Aufgabe 205
Nennen Sie das Grundproblem der Planung und erforderliche Maßnahmen zur Vermeidung und Abschwächung dieses Problems.

Aufgabe 206
Grundlage für die strategische Entscheidung ist der strategische Handlungsspielraum. Wodurch wird dieser bestimmt?

Aufgabe 207
Welche Voraussetzungen müssen vorliegen, um Entscheidungen treffen zu können?

Aufgabe 208
Die Planung hängt entscheidend von der Strategiewahl für das Unternehmen ab. Erklären Sie die unterschiedlichen Planungsprozesse am Beispiel der Kostenführerschaft bzw. der Differenzierung.

Aufgabe 209
Welche Elemente gehören zu einer Organisation?

Aufgabe 210
Was ist eine Organisation?

Aufgabe 211
Wie unterscheiden sich die Ziele von Organisation und Organisationsentwicklung?

Aufgabe 212
Was verbindet die Aufbau- und Ablauforganisation eines Unternehmens miteinander?

Aufgabe 213
Welche Gründe sind ursächlich für die Entstehung der Organisationsentwicklung (OE) ? Nennen Sie 3 Gründe.

Aufgabe 214
Nennen Sie das Oberziel der Organisationsentwicklung und mindestens 3 weitere Nebenziele.

Aufgabe 215
Unterscheiden Sie die Modelle „Top- Down" und „Bottom- Up" zur Berücksichtigung des Wertewandels im Unternehmen.

Aufgabe 216
Wie äußert sich der Zusammenhang bezüglich des Wandels der Managementmethoden in den USA, Japan und in Europa?

Aufgabe 217
Durch welche Reihenfolge kann die Organisationsentwicklung schrittweise umgesetzt werden?

Aufgabe 218
Welche 4 Formen des organisationalen Lernens sind Ihnen bekannt?

Aufgabe 219
Welche Probleme ergeben sich bei der Entwicklung und Durchführung einer lernenden Organisation?

Aufgabe 220
Worin unterscheiden sich Informationen vom Wissen?

Aufgabe 221
Wie entsteht Wissen und wie kann Wissen eingeteilt werden?

Aufgabe 222
Was versteht man unter dem Begriff Wissensmanagement?

Aufgabe 223
Nennen Sie 5 verschiedene Aufgaben des Wissensmanagements in einer Unternehmung.

Aufgabe 224
Nennen Sie Barrieren und Erfolgsfaktoren des Wissensmanagements.

Aufgabe 225
Wie definieren Sie Wissenstransfer und welche Bestandteile hat dieser?

Aufgabe 226
Warum gewinnt die Erforschung neuer Informations- und Wissensvorsprünge eine bedeutende Rolle für die Erreichung von Wettbewerbsvorteilen?

Aufgabe 227
Erklären Sie die Aufgaben des Wissenstransfers anhand der verschiedenen Ebenen im Unternehmen.

Aufgabe 228
Wie unterscheiden sich individuelles und strukturelles Wissen voneinander?

Aufgabe 229
Welcher Zusammenhang besteht zwischen individuellem, latentem und strukturellem Wissen in einer Organisation?

Aufgabe 230
Definieren Sie implizites und explizites Wissen.

Aufgabe 231

Wodurch wird das implizite Wissen beeinflusst?

Aufgabe 232
Welche Maßnahmen zur Umwandlung des impliziten in explizites Wissen sind Ihnen bekannt?

Aufgabe 233
Welche Voraussetzungen für eine optimale Wissenserfassung gibt es?

Aufgabe 234
Nennen Sie 3 Methoden zur Erfassung von Wissen.

Aufgabe 235
Welche Faktoren sind bei der Wissenserfassung maßgeblich?

Aufgabe 236
Erklären Sie das Wesen von Unternehmensnetzwerken.

Aufgabe 237
Welche Ausprägungen von Netzwerken sind Ihnen bekannt?

Aufgabe 238
Wo ist der Unterschied zwischen Informations- und Wissensnetzwerken?

Aufgabe 239
Welche Risiken und welche Spannungsfelder können sich durch Netzwerke ergeben?

Aufgabe 240
Definieren Sie Informationstechnologie und erklären Sie die Bedeutung für den Unternehmenserfolg.

Aufgabe 241

Welche Herausforderungen ergeben sich für das Management der Informationstechnologie im Unternehmen?

Aufgabe 242
Welche Ansprüche werden an das Zusammenspiel von Information und Informationsverarbeitung gestellt?

Aufgabe 243
Welche Ziele werden mithilfe der Informationstechnologie verfolgt?

Aufgabe 244
Nennen Sie je zwei Beispiele für Anwendersysteme auf operativer und strategischer Ebene.

Aufgabe 245
Unterscheiden Sie Managementinformationssysteme von Entscheidungsunterstützungs-systemen.

Aufgabe 246
Finden Sie je ein Beispiel für branchenspezifische und branchenneutrale Anwenderprogramme.

Aufgabe 247
Worin unterscheiden sich primäre und sekundäre Informationen?

Aufgabe 248
Welche Bereiche versorgen das Unternehmen von innen mit Informationen?

Aufgabe 249
Welche externen Informationsquellen existieren?

Aufgabe 250

Was versteht man allgemein unter Management und welche Unterscheidungen von Managementtechniken gibt es?

Aufgabe 251

Welche 5 Faktoren fördern das Selbstmanagement?

Aufgabe 252

Welche Vorteile können durch das Selbstmanagement erreicht werden?

Aufgabe 253

Unterteilen Sie anhand der ABC- Methode Aufgaben nach ihrer Wertigkeit und dem zeitlichen Aufwand.

Aufgabe 254

Welche Vorteile entstehen durch eine Kreativitätsförderung im Unternehmen?

Aufgabe 255

Mit welchen Methoden lassen sich Probleme diagnostizieren?

Aufgabe 256

Was sind Kreativitätstechniken? Nennen Sie 4 Unterteilungen zu den Kreativitätstechniken.

Aufgabe 257

Worin unterscheiden sich Reizworttechniken von Assoziationstechniken?

Aufgabe 258

Beschreiben Sie den Unterschied von Mind Mapping und Brainstorming.

Aufgabe 259

Nennen Sie die Phasen der Entscheidungsfindung!

Aufgabe 260
Welche Techniken zur Entscheidungsfindung sind Ihnen bekannt?

Aufgabe 261
Welchen Charakter haben Projekte?

Aufgabe 262
Was beinhaltet das Management von Projekten?

Aufgabe 263
Welche verschiedenen Aufgaben werden dem Lenkungsausschuss bei Projektorganisationen übertragen?

Aufgabe 264
Nennen Sie mindestens 5 Bestandteile eines Projekthandbuches.

Aufgabe 265
Welche Formen der Projektorganisation sind Ihnen bekannt?

Aufgabe 266
Erläutern Sie die reine Projektorganisation.

Aufgabe 267
Welche Projektphasen sind Ihnen bekannt?

Aufgabe 268
Wozu dienen Projektstrukturpläne?

Aufgabe 269
Welche Arten von Projektstrukturplänen gibt es?

Aufgabe 270

Was ist ein sogenanntes Arbeitspaket?

Aufgabe 271
Definieren Sie den Begriff Projektsteuerung und nennen Sie gleichzeitig 3 Aufgaben.

Aufgabe 272
Welche Bedeutung hat der Projektleiter bei der Projektsteuerung und welche Aufgaben hat dieser zu erfüllen?

Aufgabe 273
Wie kann die Projektsteuerung bei einem bevorstehenden Verzug reagieren?

Aufgabe 274
Wozu dient eine Projektdokumentation?

Aufgabe 275
Wo ist der Unterschied zwischen der Projektakte und der Projektdokumentation?

Aufgabe 276
Nennen Sie mindestens 4 Inhalte des Projektabschlussberichtes.

Aufgabe 277
Was ist Kommunikation?

Aufgabe 278
Wie wird die nonverbale Kommunikation beschrieben?

Aufgabe 279
Welche Kommunikationsmethoden sind Ihnen bekannt?

Aufgabe 280
Welche Anforderungen werden an eine Präsentation gestellt?

Aufgabe 281
Unter Zuhilfenahme welcher Kommunikationsmittel kann ein Vortrag gehalten werden?

Aufgabe 282
Welche Regeln zum erfolgreichen Gelingen eines Vortrages sind zu beachten?

Aufgabe 283
Was ist mit Moderation gemeint?

Aufgabe 284
Welche Aufgabe hat der Moderator?

Aufgabe 285
Bei der Durchführung hat der Moderator die Wahl zwischen unterschiedlichen Abfragearten. Welche sind Ihnen bekannt?

Aufgabe 286
Wozu dient das Konfliktmanagement in einem Unternehmen?

Aufgabe 287
Was ist Mediation? Nennen Sie auch die beteiligten Personen.

Aufgabe 288
Unterscheiden Sie den offenen Fragestil im Interview von einem geschlossenen Fragestil.

Aufgabe 289

Was sind Mitarbeitergespräche? Nennen Sie verschiedene Ausprägungen.

Aufgabe 290
Welche Vorteile haben Mitarbeitergespräche für das Unternehmen, die Mitarbeiter und den Vorgesetzten?

Aufgabe 291
Bringen Sie Mitarbeitergespräche in Verbindung mit der Personalentwicklung einer Unternehmung.

Aufgabe 292
Wovon kann die Kaufentscheidung abhängen?

Aufgabe 293
Beschreiben Sie das AIDA Modell im Hinblick auf die erfolgreiche Führung von Verkaufsgesprächen.

Lösungen zur Unternehmensführung

Aufgabe 1

Ältere Mitarbeiter können als Mentoren für jüngere Mitarbeiter dienen, um etwa die Wissensweitergabe zu gewährleisten. Daneben sollten erfahrungsabhängige Schulungsprogramme durchgeführt werden, die zugeschnitten auf die Bedürfnisse dieser Zielgruppe ausgerichtet sind. Letztlich sollte gewährleistet sein, dass der Aufstieg im Unternehmen altersunabhängig (diskriminierungsfrei) erfolgt.

Aufgabe 2
- Steuerklasse,
- Anzahl Kinder unter 18,
- Religionszugehörigkeit,
- Zahl der Kinderfreibeträge,
- steuerliche Freibeträge bzw. Abzüge sowie
- steuerliche Zuschläge

Aufgabe 3

Vor jeder Kündigung ist der Betriebsrat zu hören. Wird dies versäumt, ist die Kündigung nichtig (§ 102 BetrVG). Der Betriebsrat hat die in § 102 Abs. 3 BetrVG genannten Widerspruchmöglichkeiten.

Aufgabe 4

Gegen eine Kündigung hat der Arbeitnehmer Klagemöglichkeit. Klageberechtigt nach dem Kündigungsschutzgesetz sind dabei alle Arbeitnehmer, deren Arbeitsverhältnis in demselben Betrieb ohne Unterbrechung länger als sechs Monate bestanden hat. Dies gilt nicht in Betrieben mit fünf oder weniger Beschäftigten.

Aufgabe 5

Führen durch Zielvereinbarung – in englisch Management by objectives (MbO) bedeutet, dass die Mitarbeiter über Ziele gesteuert werden und nicht durch Vorgaben, wie sie die Arbeit zu erledigen haben.

Aufgabe 6

Der Ablauf des Management by Objectives beginnt mit der Festlegung der Gesamtziele der Unternehmenspolitik und -strategie durch die Unternehmensleitung sowie der Übermittlung dieser an die Mitarbeiter. Aus diesen Gesamtzielen leiten die jeweils untergeordneten Ebenen ihre Zielvorstellungen ab, wobei die Organisationsstruktur anzupassen ist. Danach sind mit jedem einzelnen Mitarbeiter die persönlichen Einzelziele zu konkretisieren sowie klare Verantwortlichkeiten für die Zielsetzungen zu vereinbaren. Diese Festlegungen werden an die nächst höhere Leitungsebene zurückgemeldet und können wiederum zu Zielkorrekturen führen.

Aufgabe 7

Grundlage des MbO ist das gemeinsame Zielvereinbarungsgespräch. Vor dem Gespräch sollte der Mitarbeiter die Gelegenheit haben, sich selbst Gedanken um die möglichen Ziele zu machen und eigene Vorstellungen in das Gespräch einzubringen.

Aufgabe 8

Die Vorteile des MbO lassen sich wie folgt zusammenfassen:

- Kenntnis der Erwartungen und Einschätzungen
- Zwang zur Planung
- Spontane Koordination und Kooperation werden angeregt
- Kommunikation zwischen Mitarbeitern und Vorgesetzten wird angeregt
- Organisationsziele werden aktiv aufgezeigt
- Konzentration auf Schlüsselgebiete
- Bindung von Belohnung an Leistung
- Beitrag zur Personal- und insbesondere Führungskräfteentwicklung
- Größere Transparenz von Problemfeldern wie notwendigen Ausbildungs- und Organisationsmaßnahmen
- Unterstützung besserer und fairerer Kontrollen durch präzise Zielvorgaben

Damit einher gehen aber auch eine Reihe von Nachteilen:

- Verwaltungsaufwand, Sitzungen und Diskussionen
- Oftmals unrealistische Ziele, dadurch Anfangseuphorie mit folgender Rückkehr zum Betriebsalltag

- Feedback wird nicht ausreichend oder verspätet gegeben
- Keine nachhaltige Unterstützung durch Einzelne
- Konkrete Ziele behindern Kreativität
- Nutzen falscher quantitativer Ziele anstelle sinnvoller qualitativer Ziele
- Autoritätserosion wird befürchtet
- Individuelle Erfolgszurechnung behindert Kooperation
- Notwendige Kontrollgespräche können das Betriebsklima belasten, teilweise frisierte Ergebnisse
- Hohe Ziele werden nicht durch entsprechende Kompetenzen gestützt
- Problem bei sehr flexiblen Umweltparametern, weil Ziele immer wieder angepasst werden müssen

Aufgabe 9

Die strategische Planung umfasst die Festlegung von Geschäftsfeldern und langfristigen Produktprogrammen. Damit soll das Unternehmenspotenzial ermittelt werden.

Instrumente der strategischen Planung sind u. a.:

- Portfolioanalyse

- Benchmarking

- Produktlebenszyklus

Aufgabe 10

In der BCG-Matrix werden Geschäftsfelder nach den Faktoren Marktwachstum und relativer Marktanteil eingruppiert.

Aufgabe 11

- Die Poor Dogs können nach diesem Schema eingestellt werden (Desinvestitionsstrategie).
- Die Question Marks können durch Investitionsstrategien ausgebaut werden und damit zu Stars werden.
- Für Stars sollte ein solches Wachstum angestrebt werden, dass Konkurrenten nicht oder nur sehr schwer in den Markt eindringen können.
- Bei Cash Cows sollte eine Abschöpfungsstrategie angewendet werden.

Aufgabe 12

Die operative Planung beschreibt die Festlegung kurzfristiger Programmpläne in einzelnen Funktionsbereichen.

Aufgabe 13

Beim Top-Down-Verfahren wird die Planung von der Spitze entschieden und nach unten weitergegeben. Beim Bottum-Up-Verfahren werden die Planungen hingegen zunächst im Middle Management oder sogar tiefer begonnen und mit dem Top Management abgeglichen.

Aufgabe 14

Der Break-Even-Punkt ist der Punkt, an dem die Gewinnschwelle (bzw. ein vorher definierter Mindestgewinn) genau erreicht wird.

Aufgabe 15

150.000 € / (8 € - 3 €) = 30.000 Stück

Aufgabe 16

Darin werden die Gesamtaufgaben eines Unternehmens aufgeteilt in:
- Hauptaufgaben (z. B. Vertrieb),
- Teilaufgabe 1. Ordnung (z. B. Verkauf)
- Teilaufgabe 2. Ordnung
- usw.

Diese Teilaufgaben werden in die organisatorischen Einheiten zusammengefasst (z. B. Abteilung, Gruppe, Stelle). Die organisatorischen Einheiten werden dann im nächsten Schritt Aufgabenträgern, d. h. Einzelpersonen oder Personengruppen, zugeordnet.

Aufgabe 17

Die Zerlegung in Teilaufgaben kann nach unterschiedlichen Gesichtspunkten erfolgen. Möglich sind beispielsweise:
-   nach den Teilfunktionen, die zur Erfüllung der Aufgabe notwendig sind
-   nach dem Objekt, d. h. etwa den Produkten, Regionen o. ä.

- nach der Phase, d. h. danach, ob die Aufgabe zur Planung, Durchführung oder Kontrolle gehört

Aufgabe 18

Die Stelle ist die kleinste betriebliche organisatorische Einheit. Die Stellenbeschreibung enthält die Hauptaufgaben der Stellen, deren Eingliederung in das Unternehmen und die Befugnisse der Stelle. Eine eindeutige, immer gleiche Stellenbeschreibung hat sich bislang nicht durchgesetzt. Es können nur verschiedene Punkte genannt werden, die üblicherweise in einer Stellenbeschreibung enthalten sind:
- Stellenbezeichnung
- obergeordnete Stelle
- untergeordnete Stellen
- Stellvertretung
- Ziel der Stelle
- Hauptaufgaben des Stelleninhabers
- Kompetenzen des Stelleninhabers
- besondere Befugnisse des Stelleninhabers
- notwendige Ausbildung des Stelleninhabers
- notwendige Berufspraxis des Stelleninhabers
- notwendige Weiterbildung des Stelleninhabers
- notwendige Kenntnisse des Stelleninhabers

Aufgabe 19

In der funktionalen Organisation gliedert man die Organisation in der zweiten Ebene nach den Aufgaben im Unternehmen, beispielsweise Forschung und Entwicklung, Beschaffung etc.

Aufgabe 20

In einer Matrixorganisation werden zwei Gliederungsprinzipien, beispielsweise funktionale und eine andere Organisationsform, gleichzeitig verfolgt

Aufgabe 21

Eine Divisionalorganisation ist eine Organisation, die nach Geschäftsbereichen, Produkten/Produktgruppen oder Werken aufgestellt ist.

Aufgabe 22

Die Arbeitsplanung legt z. B. für ein Fertigerzeugnis fest,
- in welcher Weise (Arbeitsgang),
- in welcher Reihenfolge (Arbeitsablauf),
- auf welchen Maschinen (Arbeitsplatz),
- mit welchen Hilfsmitteln (Werkzeuge),
- in welcher Zeit (Durchlaufzeit)

gefertigt werden soll.

Aufgabe 23

Die Durchlaufzeit ist dabei die Zeitdauer, die zwischen Beginn und Auslieferung eines Auftrages für die Produktion eines Gutes ergibt. Sie setzt sich aus der Belegungszeit und der Übergangszeit zusammen. Ersteres enthält die Rüst- und die Bearbeitungszeit, letzteres die Transport- und Liegezeit.

Zur Rüstzeit gehört die Zeit, die für das Vor- und Nachbereiten einer Maschine bzw. eines Arbeitsplatzes notwendig ist. Die Bearbeitungszeit ist die Zeit für das konkrete Produzieren eines Gutes. Sie ergibt sich aus Arbeitsmenge * Stückzeit * Leistungsgrad

Während die Transportzeit die Zeit für den Transport zwischen zwei oder mehreren Orten beinhaltet, zeigt die Liegezeit die Zeit an, die vergeht, weil der Auftrag zwischenzeitlich liegen bleiben muss.

Aufgabe 24

Die Primärforschung greift auf Methoden der direkten Kundenansprache zurück.

Aufgabe 25

In der Sekundärforschung werden bestehende Daten und Informationen ausgewertet, die aus anderen Gründen gesammelt wurden.

Aufgabe 26

Die Sekundärforschung greift beispielsweise auf folgende Informationen zurück:
- Unterlagen des Rechnungswesens
- Allgemeine Statistiken
- Vertriebsstatistiken
- Berichte und Meldungen des Außendienstes
- Frühere Primärerhebungen, die für neue Problemstellungen ausgewertet werden
- Statistisches Bundesamt
- Handwerkskammer
- Bundesstelle für Außenhandelsinformationen (BfAI)
- Deutsche Auslands-Handelskammer, UNO, Weltbank
- Wirtschaftswissenschaftliche Institute
- Kreditinstitute
- Universitäten
- Werbeträger
- Marktforschungs-Institute
- Fachbücher und –zeitschriften
- Firmenverlautbarungen
- Tagungen, Messe
- Internet

Aufgabe 27

Die Vorteile der Sekundärforschung lassen sich wie folgt zusammen:
- Schnelle Beschaffung der Information
- Geringe Kosten
- Teilweise einzig verfügbare Quelle (z.B. Bevölkerungsstatistik)
- Unterstützung der Problemdefinition
- Unterstützung der Durchführung und Interpretation der Primärforschung

Neben diesen Vorteilen bestehen aber auch eine Reihe von Nachteilen:
- Informationen sind nicht vorhanden

- Geringe Aktualität
- unspezifisch
- Exklusivität fehlt
- zu hohe Aggregation
- oft fehlen Angaben zur Erhebungsmethodik

Aufgabe 28
- Befragung
- Beobachtung
- Experiment
- Panel

Aufgabe 29
Der Kerngedanke der Wertanalyse besteht darin, den Funktionswert zu erhalten, die damit verbundenen Kosten aber zu minimieren. Ausgangspunkt sind damit die Kosten und nicht die Erlöse. Die Kernfrage der Wertanalyse ist, ob die gerade betrachtete Funktion eine Hauptfunktion ist oder eine Hauptfunktion unterstützt bzw. den Marktwert erhöht. Ist dies der Fall, ist die Funktion notwendig. Wenn nicht, kann sie als unnötige Funktion gestrichen werden.

Aufgabe 30
Maslow trennt die Bedürfnisse in Wachstumsbedürfnisse und Defizitbedürfnisse ein. Wachstumsbedürfnisse sind beispielsweise der Status bzw. die Anerkennung, die ein Mensch erhält. Zu den Defizitbedürfnissen zählen dagegen Sicherheitsbedürfnisse oder die Grundbedürfnisse wie Essen.

Aufgabe 31
Herzberg trennte dagegen die Bedürfnisse in Entlastungs- und Entfaltungsbedürfnisse. Entlastungsbedürfnisse sind die so genannten Hygienefaktoren. Hier handelt es sich um solche Faktoren, die den Mensch nicht zu einer besonderen Leistung motivieren, sondern die für ein gesundes Betriebsklima unerlässlich sind, etwa die zwischenmenschlichen Beziehungen. Durch Entfaltungsbedürfnisse entsteht dagegen echter Zugewinn für den Mitarbeiter. Hierunter fallen etwa Verantwortung, die

der Mitarbeiter übernimmt, oder auch das Vorwärtskommen im Unternehmen.

Aufgabe 32
Die Personalplanung hat das Ziel, dass das Unternehmen jederzeit
- die richtige Anzahl an Personal,
- in der richtigen Qualifikation,
- zum richtigen Zeitpunkt,
- am richtigen Ort und
- im vorgegebenen Kostenplan

zur Verfügung hat

Aufgabe 33
Die Aufgaben, die die Personalplanung hierzu übernehmen muss, sind:
- den quantitativen Personalbedarf ermitteln;
- den qualitativen Personalbedarf ermitteln;
- die Personalfreisetzung – wenn nötig – ermitteln;
- Personalengpässe erkennen und entsprechende Maßnahmen entwicklen;
- die Personalentwicklung erkennen und planen;
- die Personalkosten planen;
- die Personalkosten steuern.

Aufgabe 34
Zur Ermittlung des Bruttopersonalbedarfs werden u. a. eingesetzt:
- Schätzverfahren,
- Trendverfahren,
- Regressionsrechnungen,
- Korrelationsanalysen

Aufgabe 35
- Bessere Motivation,
- höhere Bindung der Mitarbeiter an das Unternehmen,

- Mitarbeiter kennt bereits das Unternehmen,
- Beschaffungskosten sind geringer,
- Einarbeitungszeit ist in der Regel geringer,
- Stellenbesetzung kann schneller vorgenommen werden,
- Fachkenntnisse sind bereits bekannt,
- in der Regel kostengünstiger,
- positive Auswirkungen auf das Betriebsklima

Aufgabe 36
- es entsteht eine neue Lücke, die wiederbesetzt werden können müsste,
- Gefahr des „Weglobens",
- der Mitarbeiter ist möglicherweise „betriebsblind",
- es werden keine Impulse von außen gegeben,
- es bestehen mögliche Akzeptanzprobleme,
- Auswahl ist geringer als unter Hinzuziehung externer Quellen

Aufgabe 37
- Leistung des Mitarbeiters (Kriterien: Normalleistung, Zielvereinbarung etc.)
- Anforderungen des Arbeitsplatzes (Kriterien: Arbeitsbewertung: wie schwer ist die Arbeit?)
- soziale Überlegungen (Familienstand, Alter, etc.)
- Leistungsmöglichkeiten (beispielsweise durch Führungsstil, Organisatione etc.)
- Branche
- Region
- Tarifzugehörigkeit
- Qualifikationen

Aufgabe 38
- Zeitlohn (unterteilt in reiner Zeitlohn und Zeitlohn mit Zulagen)
- Leistungslohn (unterteilt in Akkordlohn und Prämienlohn) sowie

- Sonderformen (Zuschläge, Erfolgsbeteiligung etc.)

Beim Zeitlohn wird das Entgelt in Abhängigkeit von der eingesetzten Zeit gezahlt, aber unabhängig von der tatsächlichen Leistung. Diese wird vorab definiert und ein "relativ" gerechter Lohn definiert.

Beim Akkordlohn wird die tatsächlich erbrachte Leistung entgeltet. Unterscheiden lassen sich Einzel- und Gruppenakkord. Beim Einzelakkord wird die Leistung des Einzelnen bezahlt, beim Gruppenakkord das Ergebnis einer Gruppe. Beim Akkordlohn wird ein Entgelt je erbrachter Leistung bestimmt und mit der erbrachten Leistung multipliziert. Das Ergebnis ist der Bruttolohn des Mitarbeiters.

Beim Prämienlohn setzt sich das Gehalt aus einem leistungsunabhängigen Teil, dem Grundlohn, und einem leistungsabhängigen Teil, der Prämie, zusammen. Der Prämienlohn wird eingesetzt, wenn die Berechnung genauer Akkordsätze unwirtschaftlich ist.

Aufgabe 39

Als Instrumente der Weiterbildung existieren:

1. Potenzialeinschätzung (Prognose des erwarteten Leistungsvermögens des Mitarbeiters)

2. Laufbahnplanung (die Positionen, die der Mitarbeiter bei Erfüllen bestimmter Qualifikationsmerkmale erreichen kann)

3. Nachfolgeplanung (gedanklich vorweggenommene Überlegung zur zukünftigen Besetzung von Positionen)

4. Nachwuchskräfteförderung (Vorbereitung der Mitarbeiter zur Übernahme von Führungspositionen)

Aufgabe 40

Generell lässt sich die Fortbildung in vier Bereiche unterteilen:

- Erhaltungsfortbildung: Sie dient dem Ausgleich von Kenntnissen und Fertigkeiten, die weggefallen sind;

- Erweiterungsfortbildung: Zusätzliche Fähigkeiten werden vermittelt;

- Anpassungsfortbildung: hier werden solche Fähigkeiten vermittelt werden, die durch eine Anpassung an Veränderungen am Arbeitsplatz nötig werden;

- Aufstiegsfortbildung: dient der Vorbereitung auf höherwertige Aufgaben.

Aufgabe 41
- in welchen Bereichen Qualifizierungsbedarf besteht,
- welche Potenziale der einzelne Mitarbeiter hat,
- welche Maßnahmen zur Schließung der Lücken ergriffen werden können,
- welche Unterstützung der Vorgesetzte selbst geben kann und muss sowie
- welche Erwartungen der Mitarbeiter an die innerbetriebliche Förderung hat.

Aufgabe 42
- Jobenrichment: der Mitarbeiter erhält zusätzliche Aufgaben auf höherem Aufgabenniveau; zur Unterstützung erhält er entsprechende Weiterbildungmaßnahmen;
- Jobenlargement: der Mitarbeiter erhält zusätzliche Aufgaben auf seinem Aufgabenniveau, die sich von seinen bisherigen Tätigkeiten aber unterscheiden;
- Jobroration: der Mitarbeiter wechselt seine Aufgaben im Betrieb

Aufgabe 43
Wie unterscheiden sich Unternehmens- und Mitarbeiterbedürfnisse in der Personalwirtschaft?

✓ Unternehmensbedürfnisse: optimale Versorgung mit geeigneten Mitarbeitern

✓ Mitarbeiterbedürfnisse: Gerechte Entlohnung bei guten Arbeitsbedingungen

Aufgabe 44
Welche generellen Aufgaben hat die Personalwirtschaft in einem Unternehmen?

✓ Planung des Personalbedarfs
✓ Personalbeschaffung
✓ Personaleinsatz

- ✓ Freisetzung von Personal
- ✓ Personalentwicklung
- ✓ Personalführung
- ✓ Personalentlohnung
- ✓ Personalorganisation
- ✓ Personalbeurteilung

Aufgabe 45
Aus welchen Sichtweisen kann die Belegschaft eines Unternehmens betrachtet werden?

- ✓ Personal ist ein Arbeitsträger
- ✓ Personal ist Kostenverursacher
- ✓ Personal ist Bündnispartner
- ✓ Personal ist Entscheidungsträger
- ✓ Personal ist engagiertes Individuum

Aufgabe 46
Welche Einteilung des Personals erfolgt aus arbeitsrechtlicher Sicht? Welche Tätigkeiten werden in der jeweiligen Ebene vorrangig ausgeübt?

- ✓ Arbeiter: vorrangig körperliche Arbeiten
- ✓ Angestellte: hauptsächlich geistige Arbeit
- ✓ Leitende Angestellte: besitzen bestimmte Vollmachten, Übertragung von
- ✓ Arbeiten mit hoher Verantwortung

Aufgabe 47
Nennen Sie die Träger der Personalwirtschaft.

- ✓ Geschäftsleitung
- ✓ Vorgesetzte
- ✓ Betriebsrat

✓ Personalabteilung

Aufgabe 48
Benennen Sie Haupt- und Nebenziele einer Personalwirtschaft.

✓ Hauptziel: Wirtschaftlichkeit, Sozialziele
✓ Nebenziele: Deckung des erforderlichen Mitarbeiterbedarfs in Quantität, Qualität, Zeit und Ort, Steigerung der Arbeitsleistung

Aufgabe 49
Was bezeichnet man als Personalpolitik? Welche Bereiche bezüglich der Personalpolitik sprechen für eine ausgerichtete Unternehmenskultur?

✓ Personalpolitik: Formulierung von Unternehmenskultur, Unternehmensethik, Unternehmensidentität
✓ Bereiche: Mitarbeiterführung, Mitbestimmung, Qualifizierung, Selbstverwirklichung, Wertschätzung

Aufgabe 50
Wie erfolgt die Einteilung des Personalwesens in die Betriebsstruktur? Welcher Faktor sollte hierbei stets beachtet werden?

✓ Einteilung erfolgt in Abhängigkeit der Unternehmensgröße und Struktur
✓ Grundlegend zu beachten ist die Einteilung als zentrale Funktionseinheit, die in der Hierarchieebene hoch angeordnet ist

Aufgabe 51
Welche Organisation der Personalwirtschaft in die Hierarchie des Unternehmens gewährleistet eine unabhängige Einteilung zu Unternehmensbereichen?

✓ Einfachunterstellung der Linienorganisation (z.B. eine Stufe unter der kaufmännischen Leitung)

Aufgabe 52
Welchen Nachteil hat eine Unterordnung der Personalwirtschaft unter die Führung eines Zwischenvorgesetzen in die 3. Hierarchiestufe?

✓ Personalwesen ist in der Entscheidungsbefugnis sowie der Delegation von Richtlinien stark eingeschränkt

Aufgabe 53
Nennen Sie Vor- und Nachteile einer Einteilung der Personalwirtschaft in die Spartenorganisation eines Unternehmens.

✓ Vorteile: Anforderungen jedes Geschäftsbereiches werden personalseitig erfüllt, Kontakt zu Mitarbeitern wird gehalten

✓ Nachteil: aufwändige Kontrolle des Personalwesens aufgrund vieler eigener Personalwirtschaftskonzepte

Aufgabe 54
Was unterscheidet die Zuordnung der Personalwirtschaft in ein Cost-Center zu der Einteilung in ein Profit- Center?

✓ Cost- Center: Detaillierte Analyse der Personalkosten wird möglich sowie Feststellung und Beseitigung von Ineffizienz des Personalwesens

✓ Profit- Center: Personalabteilung mit der Vorgabe der Gewinnerzielung

Aufgabe 55
Welche Anforderungen werden an Beschäftigte im Personalbereich gestellt?

✓ Zielorientierung

✓ Fachwissen

✓ Selbstständigkeit

✓ Arbeitserfüllung unter Einsatz der EDV

✓ Kooperationsfähigkeit
✓ Überzeugungskraft

Aufgabe 56
Definieren Sie individuelles und kollektives Arbeitsrecht.

✓ Individuelles Arbeitsrecht: Rechtsbeziehungen, die sich aus dem individuellem Arbeitsverhältnis ergeben
✓ Kollektives Arbeitsrecht: Tarifvertragsrecht, dass für eine Gruppe von Arbeitnehmern verfasst wird

Aufgabe 57
Welche arbeitsrechtlichen Bestimmungen finden sich im BGB, im HGB, in Tarifverträgen und in Betriebsvereinbarungen?

✓ BGB: Basis des Arbeitsvertragsrechts
✓ HGB: Rechtliche Verhältnisse der kaufmännischen Angestellten im
✓ Handelsgewerbe
✓ Tarifverträge: schuldrechtliche Verträge zwischen Arbeitgeber und
✓ Arbeitnehmerverbänden
✓ Betriebsvereinbarungen: innerbetriebliche Vereinbarungen, die alle
✓ Arbeitsverhältnisse umfassen

Aufgabe 58
Welchen Unterschied gibt es zwischen Arbeitsverhältnis und Arbeitsvertrag?

✓ Arbeitsverhältnis beschreibt das Rechtsverhältnis zwischen Arbeitgeber und Arbeitnehmer
✓ Arbeitsvertrag: Form des Dienstvertrages, der im BGB geregelt ist

Aufgabe 59
Welche Pflichten ergeben sich aus dem Arbeitsverhältnis für Arbeitgeber und Arbeitnehmer?

- ✓ Arbeitnehmerpflichten: Arbeitspflicht, Treuepflicht, Pflicht zur Verschwiegenheit
- ✓ Arbeitgeberpflichten: Lohnzahlungspflicht, Urlaubsgewährung, Fürsorgepflicht

Aufgabe 60
Aus welchen Gründen kann ein Arbeitsverhältnis beendet werden?

- ✓ Kündigung
- ✓ Tod oder Rente
- ✓ Aufhebungsvertrag
- ✓ Zeitablauf
- ✓ Anfechtung

Aufgabe 61
Nennen und beschreiben Sie die Hauptbestandteile des Schuldrechts in einem Tarifvertrag.

- ✓ Friedenspflicht: Verbot des Streikes während der Laufzeit des Tarifvertrages
- ✓ Einwirkungspflicht: Pflicht zur Einhaltung der Vereinbarungen
- ✓ Nachwirkungspflicht: Bestandsschutz der Regelungen nach Ablauf des Vertrages bis zur Neuregelung

Aufgabe 62
Welche Grundsätze gelten für die Zusammenarbeit zwischen Betriebsrat und Arbeitgeber?

- ✓ Schaffung einer vertrauensvollen Zusammenarbeit und Vereinbarung von

- ✓ Sitzungen mit dem Ziel der Einigung
- ✓ Einhaltung der Friedenspflicht
- ✓ Keine Bevor- oder Benachteiligung der Mitglieder des Betriebsrates
- ✓ Gewerkschaften haben eine Unterstützungsfunktion

Aufgabe 63

In welchem Bereich ist die Beteiligung des Betriebsrates besonders ausgeprägt? Zählen Sie 5 Elemente hieraus auf.

- ✓ Soziale Angelegenheiten
  Elemente:
- ✓ Betriebsordnung
- ✓ Arbeitszeit- und Pausenregelungen
- ✓ Aufstellung des Urlaubsplanes
- ✓ Regelungen zur Verhütung von Arbeitsunfällen
- ✓ Sozialeinrichtungen des Betriebes (Kantine)

Aufgabe 64

Wie heißen die 3 Instanzen der Arbeitsgerichtsbarkeit?

- ✓ 1. Instanz: Arbeitsgericht
- ✓ 2. Instanz: Landesarbeitsgericht
- ✓ 3. Instanz: Bundesarbeitsgericht

Aufgabe 65

Was ist der Ausgangspunkt für die Planung des Personalbedarfs? Wie kann die Personalbedarfsplanung unterteilt werden?

- ✓ Personalbestand ist Ausgangspunkt für die Planung
- ✓ Unterteilung in quantitative und qualitative Personalbedarfsplanung

Aufgabe 66
Welche unternehmensexternen Faktoren beeinflussen die Personalbedarfsplanung und welche Auswirkungen könnte dies haben?

- ✓ Faktor: Gesamtwirtschaftliche Entwicklung; Auswirkungen: Absatzveränderungen des Unternehmens
- ✓ Faktor: Arbeitsrechtsänderungen; Auswirkungen: Arbeitszeitregelungen der Arbeitnehmer
- ✓ Faktor: Technologie; Auswirkungen: Nutzung veränderter Produktionstechnologien

Aufgabe 67
Was versteht man unter dem Bruttopersonalbedarf und wie setzt sich dieser zusammen?

- ✓ Bedarf aller Personen zur Leistungserstellung
- ✓ Zusammensetzung aus Einsatzbedarf und Reservebedarf

Aufgabe 68
Wie definiert sich der Ersatzbedarf und wie wird dieser berechnet?

- ✓ Ersatzbedarf: Anzahl der Mitarbeiter, die zusätzlich zum Ablauf des
- ✓ Geschäftsjahres eingestellt werden müssen, um den Personalbestand zum Beginn des neuen Geschäftsjahres zu sichern
- ✓ Berechnung: Ersatzbedarf= Voraussichtliche Abgänge – Voraussichtliche Zugänge

Aufgabe 69
Welche Faktoren berücksichtigt eine mittelfristige Personalbedarfsplanung?

- ✓ Zeitraum: 3-5 Jahre
- ✓ Berücksichtigung der technischen und organisatorischen

Veränderungen in
- ✓ Verwaltung und Produktion
- ✓ Planung unter Beachtung der geltenden Arbeits- und Sozialgesetze

Aufgabe 70
Welche Methoden zur Personalbedarfsplanung sind Ihnen bekannt?

- ✓ Schätzungen
- ✓ Monetäre Verfahren
- ✓ Personalbemessungsmethoden
- ✓ Organisatorische Verfahren
- ✓ Statistische Verfahren

Aufgabe 71
Welche organisatorischen Verfahren zur Ermittlung des Personalbedarfs sind Ihnen bekannt?

- ✓ Stellenplanmethode
- ✓ Arbeitsplatzmethode

Aufgabe 72
Welche Statistiken kommen in der Personalbedarfsplanung zur Anwendung?

- ✓ Personalstatistik- Personalbestand
- ✓ Altersstatistik: Altersstruktur
- ✓ Fluktuationsstatistik: Personalabgänge und Gründe

Aufgabe 73
Zeigen Sie Wege interner Personalbeschaffung mit Beispielen auf.

- ✓ Bedarfsdeckung ohne Umsetzung: Mehrarbeit, Überstunden,

Urlaubsverschiebung, Arbeitszeitverlängerung, Qualifizierung, Umschulung

✓ Bedarfsdeckung mit Personalbewegung: Versetzung durch Änderungsvertrag, Innerbetriebliche Neubesetzung, Personalentwicklung

Aufgabe 74
Welche Maßnahmen zur Personalbeschaffung außerhalb des Unternehmens sind Ihnen bekannt? Nennen Sie Beispiele.

✓ Aktive Beschaffung durch Stellenanzeige, Internetnutzung, Personalberater, Öffentlichkeitsarbeit
✓ Passive Beschaffung durch Arbeitsverwaltung, Bewerberkartei

Aufgabe 75
Welche Attribute sollte eine wirksame Anzeigengestaltung beinhalten?

✓ Aussagen über das Unternehmen
✓ Aussagen zur freien Stelle
✓ Aussagen zu Anforderungsmerkmalen
✓ Aussagen über Leistungsmerkmale
✓ Angabe der einzureichenden Bewerberunterlagen

Aufgabe 76
Welche Elemente helfen bei der Beurteilung von Arbeitszeugnissen?

✓ Augenmerk auf außergewöhnliche Formulierungen
✓ Vergleich mehrerer Arbeitszeugnisse

Aufgabe 77
Welche Angaben enthält ein Lebenslauf? In welcher Form kann dieser verfasst werden?

✓ Vollständiger Name, Wohnort, Straße, Geburtsort, Geburtsname,

Familienstand, beruflichen Tätigkeiten, Fähigkeiten, Weiterbildung
✓ Tabellarische Form, handschriftlicher Lebenslauf

Aufgabe 78
Wie können Lebensläufe analysiert werden und wie können diese bewertet werden?

✓ Nach der Häufigkeit des Stellenwechsels, nach der Dauer des Arbeitsverhältnisses, Beruflicher Auf- oder Abstieg, Besondere Hobbys oder Interessen
✓ Gründe für häufige Wechsel und Positionen aufzeigen, Anhaltspunkte und Motivationen für die Leistung suchen, Erkennbarkeit der Kontinuität des Berufsweges

Aufgabe 79
Mit welchem Hilfsmittel kann ein direkter Einblick in die Qualifikation gegeben werden? Welche Arten unterscheidet man?

✓ Mit Hilfe von Arbeitsproben
✓ Arten: durch Einreichung (Texte, Berichte) oder durch Leistung (Praktikum, Übersetzung)

Aufgabe 80
Welche Kriterien können in einem Vorstellungsgespräch Aufschluss über den Bewerber geben?

✓ Spezielle Kenntnisse
✓ Intellektuelle Fähigkeiten
✓ Motivation
✓ Kontaktfreude
✓ Äußere Erscheinung
✓ Auftreten
✓ Urteilsvermögen
✓ Mündlicher Ausdruck

✓ Dynamik, innerer Antrieb

Aufgabe 81
Welche Merkmale treffen auf die Assessment Center Methode zu?

✓ Vielfalt durch Interviews, Beobachtungen, Psychologische Tests
✓ Beurteilung durch mehrere Prüfer
✓ Übungstechniken zur Verhaltensfeststellung
✓ Teilung in Beobachtungs- und Beurteilungsphase
✓ Führungskräfte des Unternehmens beurteilen Teilnehmer

Aufgabe 82
Welche Regelungen sollten in einem Arbeitsvertrag unbedingt enthalten sein?

✓ Einstellungsdatum, Probezeit, Arbeitszeit, Urlaubsregelungen, Kündigungsfristen
✓ Art der Tätigkeit, Vollmachten, Verpflichtungen zur Mehrarbeit, Versetzungsvorbehalte
✓ Entlohnung, Auszahlung der Entlohnung, Zusatzlohn, Erfolgsbeteiligung, Altersversorgung
✓ Nebentätigkeiten, Schweigepflichten

Aufgabe 83
Womit beschäftigt sich die Personaleinsatzplanung? Wie unterscheiden sich unternehmensbezogene von den mitarbeiterbezogenen Zielen?

✓ Bestimmung der beschäftigten Personen zu den einzelnen Stellen
✓ Unternehmensbezogenes Ziel: Optimale Kosten-Leistungsrelation
✓ Mitarbeiterbezogenes Ziel: Einsatz nach Fähigkeiten, Interessen, Bedürfnissen

Aufgabe 84
Definieren Sie Stelle und Stellenplan.

- ✓ Stelle: Summe der Teilaufgaben, die dem Leistungsvermögen eines Aufgabenträgers entspricht, Stellenbildung ist unabhängig von einer Person, kleinste Organisationseinheit, auf Dauer angelegt
- ✓ Stellenplan: Summe aller im Unternehmen gebildeten Stellen

Aufgabe 85
Welche Funktionen erfüllt die Stellenbeschreibung innerhalb der Personalwirtschaft?

- ✓ Orientierung für Aufgabenfeststellung und Kompetenzen für Personalbedarfsplanung
- ✓ Anhaltspunkt der freizusetzenden Stellen innerhalb der Personalfreisetzungsplanung
- ✓ Personalbeschaffung kann zielgerichtet nach Bewerbern suchen
- ✓ Feststellung von Differenzen von derzeitigen und zukünftigen Qualitätsanforderungen
- ✓ Unterstützung bei der Entgeltplanung

Aufgabe 86
Nennen Sie 4 Kriterien einer menschengerechten Arbeitsgestaltung.

- ✓ Zumutbarkeit der Arbeit
- ✓ Zufriedenheit durch die Arbeitsausführung
- ✓ Ausführbarkeit der Arbeit
- ✓ Erträglichkeit der Arbeit

Aufgabe 87
Was kann mit der inhaltlichen Arbeitsgestaltung erreicht werden? Nennen Sie 3 Formen der inhaltlichen Gestaltung.

✓ Humanisierung der Arbeitsprozesse
✓ Erhöhung der Arbeitszufriedenheit, dadurch Leistungssteigerung, Selbstverwirklichung, Abbau von Isolierung im Arbeitsprozess
✓ Formen: Job Enlargement, Job Enrichment, Job Rotation

Aufgabe 88
Wie unterscheiden sich Reihenfertigung und Fließfertigung?

✓ Reihenfertigung: keine direkte zeitliche Bindung zwischen Arbeitsvorgang und der im Fertigungsfluss stehenden Arbeitsplätzen
✓ Fließfertigung: zeitliche Einordnung der Fertigungsfolge

Aufgabe 89
Welche Vorteile können durch Personal Leasing erreicht werden?

✓ Reaktion auf personale Engpässe möglich
✓ Zusätzlicher Einsatz von zeitlich begrenztem Personaleinsatz wird möglich
✓ Schaffung neuer Impulse durch zusätzliches Personal

Aufgabe 90
Welche Regelungen beinhaltet das Mutterschutzgesetz?

✓ Gestaltung des Arbeitsplatzes
✓ Beschäftigungsverbote während der Schwangerschaft
✓ Regelungen zur Mehrarbeit, Nachtschichten
✓ Besonderer Kündigungsschutz

Aufgabe 91
Welches Ziel verfolgt die Personalentwicklung?

✓ Qualifizierung aller Mitarbeiter für gegenwärtige und zukünftige Aufgaben und Herausforderungen

Aufgabe 92
Welche unternehmensbezogenen und welche mitarbeiterbezogenen Sichtweisen können unterschieden werden?

✓ Unternehmensbezogen: Zwang zur Weiterentwicklung aufgrund von innovativen Produkten, Techniken und veränderten Märkten, neue Kommunikationstechniken

✓ Mitarbeiterbezogen: Wünsche, Bedürfnisse, Selbstverwirklichung, Erfahrungsaustausch, Mitarbeiterzufriedenheit durch Umsetzung individueller Erwartungen

Aufgabe 93
Welche Aufgaben werden für die Personalentwicklung festgestellt?

✓ Formulierung der Entwicklungsziele
✓ Feststellung des Entwicklungsbedarfs
✓ Bedarfsdeckung
✓ Kontrolle über die Erreichung der Ziele

Aufgabe 94
Welche Bereiche der Personalentwicklung werden unterschieden? Orientieren Sie sich an der individuellen und an der kollektiven Bildung.

✓ Individuell: Berufsausbildung, Berufliche Fortbildung, Berufliche Umschulung
✓ Kollektiv: Unternehmensentwicklung, Organisationsentwicklung, Unternehmenskultur

Aufgabe 95
Welche Vorteile hat eine berufliche Umschulung?

- ✓ Korrektur früherer Berufswahl
- ✓ Rehabilitierung behinderter Menschen
- ✓ Eingliederung von Arbeitslosen
- ✓ Resozialisierung straffälliger Menschen

Aufgabe 96
Was bedeutet die Organisationsentwicklung für das Personalwesen?

- ✓ Steigerung von Entfaltungs- und Entwicklungspotenzial
- ✓ Verbesserter Entscheidungsspielraum
- ✓ Erhöhte Mitbestimmungsrechte

Aufgabe 97
Nennen Sie Voraussetzungen für die Durchführung von Bildungsmaßnahmen.

- ✓ Erstellung des Programmes, Einladungen für Kursteilnehmer, Bestimmung der Unterbringung, Referentenbeauftragung, Raum- und Zeitplanung, Unterlagenvorbereitung, Moderationsstil, Informationsweitergabe

Aufgabe 98
Welche Systematisierung ist geeignet für die unterschiedlichen Methoden der Personalentwicklung?

- ✓ Aktive oder passive Methoden
- ✓ Methoden für einzelne Arbeitnehmer oder für Gruppen
- ✓ Interne oder externe Methoden
- ✓ Methoden am Arbeitsplatz oder außerhalb des Arbeitsplatzes

Aufgabe 99
Nennen Sie das Hauptziel der Personalfreisetzung.

✓ Vermeidung und Beseitigung personeller Überkapazitäten bezogen auf zeitliche, örtliche, qualitative und quantitative Hinsicht

Aufgabe 100

Nennen Sie Beispiele für unternehmensinterne und unternehmensexterne Ursachen der Personalfreisetzung.

✓ Unternehmensinterne Ursachen: steigender Einsatz von Informationstechnologien zu Lasten der menschlichen Arbeit, Rationalisierungsprozesse

✓ Unternehmensexterne Ursachen: Veränderte Umweltbedingungen, Absatzrückgang, Konjunkturelle Schwankungen

Aufgabe 101

Wann ist eine Einsparung an Arbeitskräften im Hinblick auf den Produktionsplan nicht notwendig?

✓ Voraussetzung ist die langfristige Flexibilisierung des Produktionsprogramms, um konjunkturelle Schwankungen oder technische Änderungen abzufangen

Aufgabe 102

Welche personalpolitischen Maßnahmen zur Vermeidung der Personalfreisetzung sind Ihnen bekannt?

✓ Vereinbarung befristeter Arbeitsverträge aufgrund unsicherer Absatzsituation als kurzfristige Abbaureserve

✓ Ständige Unterauslastung des Personalbestandes

Aufgabe 103

Nennen Sie diverse arbeitszeitverkürzende Faktoren.

✓ Abbau von Überstunden
✓ Kurzarbeit

- ✓ Reguläre Arbeitszeitverkürzung
- ✓ Angepasste Urlaubsplanung
- ✓ Steigerung der Teilzeit- statt Vollzeitstellen

Aufgabe 104
Was ist ein Aufhebungsvertrag und welche Vorteile ergeben sich dadurch?

- ✓ Aufhebungsvertrag: Nutzung der Vertragsfreiheit zur einvernehmlichen Lösung von Arbeitnehmern und Arbeitgebern mit dem Ziel der Aufhebung aller Rechte und Pflichten
- ✓ Vorteile liegen in der Planbarkeit und in den geringeren Kosten als alternative Techniken

Aufgabe 105
Welche generellen Kündigungsarten und welche Sonderform gibt es?

- ✓ Kündigungsarten: Ordentliche Kündigung, Außerordentliche Kündigung, Änderungskündigung
- ✓ Sonderform: Massenentlassungen

Aufgabe 106
Welche Bedingungen gelten als anerkannt, wenn eine personenbedingte Kündigung ausgesprochen wird?

- ✓ Leistungsfähigkeit wird erheblich durch gesundheitliche Einschränkungen gemindert, Vorhandensein einer langfristigen Dauererkrankung, häufige krankheitsbedingte Fehlzeiten

Aufgabe 107
Wie unterscheiden sich verhaltens- und betriebsbedingte Kündigungen?

- ✓ Verhaltensbedingt: Pflichtverletzungen durch Vertrauensmissbrauch, Mängelleistungen, Störung im Arbeitsprozess

✓ Betriebsbedingt: Ursächlich sind meist wirtschaftliche Schwierigkeiten, Rationalisierungsmaßnahmen

Aufgabe 108
Welche Gründe müssen für eine fristlose Kündigung vorliegen?

✓ Betrug, dauernde Arbeitsunfähigkeit, Arbeitsverweigerung, Verstoß gegen Schweigepflicht

Aufgabe 109
Was bezeichnet man als Abmahnung?

✓ Hinweis auf Gefährdung des Arbeitsverhältnisses bei fortgeführtem Fehlverhalten sowie Aufforderung zur Änderung des Verhaltens oder der Einstellung

Aufgab 110
Welche Personengruppen genießen einen besonderen Kündigungsschutz?

✓ Wehrdienstleistende
✓ Schwangere Frauen und Mütter
✓ Auszubildende
✓ Mitglieder des Betriebsrates
✓ Schwerbehinderte

Aufgabe 111
Was ist die Grundlage der Motivation im Leistungserhaltungsprozess? Welche unterschiedlichen Motive gibt es?

✓ Grundlage sind die einzelnen Bedürfnisse der Menschen
✓ Motive: Psychische, Physische, intrinsische und extrinsische, soziale, primäre, sekundäre Motive

Aufgabe 112
Beschreiben Sie die Bedürfnispyramide von Maslow.

✓ Zuordnung der menschlichen Bedürfnisse in 5 Bereiche
✓ Grundlegende Annahmen für jedes Individuum
✓ Die bereits befriedigten Bedürfnisse reichen nicht mehr zur Motivation aus, nur die unbefriedigten Bedürfnisse sind Basis der Motivation

Aufgabe 113
Nennen Sie Beispiele für Sicherheitsbedürfnisse und für Achtungsbedürfnisse.

✓ Sicherheitsbedürfnis: Kündigungsschutz, Betriebliche Altersvorsorge
✓ Achtungsbedürfnis: Lob, Anerkennung, Prämiensystem

Aufgabe 114
Welche Wirkungskette könnten vielseitige, selbstständig ausgeführte Aufgaben für den Mitarbeiter und das Unternehmen haben?

✓ Die Übertragung dieser Aufgaben führt zum engagierten Einsatz der Mitarbeiter, dann zur Identifikation, zur Leistungssteigerung, zur Leistungsanerkennung und zur weiteren Suche nach anspruchsvollen Aufgaben

Aufgabe 115
Nennen Sie Faktoren für ein gutes und für ein schlechtes Betriebsklima.

✓ Schlechtes Betriebsklima: Neid untereinander, Intrigen, Unehrlichkeit, keine Anerkennung für erbrachte Leistung, Launenhaftigkeit
✓ Gutes Betriebsklima: Selbstständigkeit, Teamgeist, Kooperation und Anerkennung

Aufgabe 116
Welche Handlungen beschreiben Tatbestände des Mobbing?

✓ Dauerhafte Angriffe auf soziale Beziehungen, Kommunikationsmöglichkeiten, Werte und Einstellungen, die Persönlichkeit oder Gesundheit einer Person

Aufgabe 117
Welche Merkmale sind charakteristisch für die Personalführung?

✓ Beteiligung zweier Partner- Führer und Geführter
✓ Soziale Beziehungen
✓ Zielorientierung und Steuerung

Aufgabe 118
Zählen Sie verschiedene Theorien zur Machtausübung auf.

✓ Macht durch Bestrafung, Belohnung, Identifikation, Führungsposition, Information

Aufgabe 119
Nennen Sie Beispiele für interaktive und für organisatorische Führung.

✓ Interaktive Führung: Gespräche, Diskussionen
✓ Organisatorische Führung: Hierarchie, Stellenbeschreibung

Aufgabe 120
Welche Attribute sollte eine Führungspersönlichkeit aufweisen?

✓ Befähigung durch Intelligenz, Urteilskraft, Menschenkenntnis
✓ Leistung durch Wissen, Arbeitsleistung
✓ Verantwortlichkeit durch Zuverlässigkeit, Selbstvertrauen
✓ Status durch wirtschaftliche und soziale Lage

✓ Teilnahme durch Einsatzwille, Kontaktfähigkeit

Aufgabe 121
Welche unsichtbaren Strukturen, die eine Führung im Unternehmen beeinflussen können, sind Ihnen bekannt?

✓ Werte, Einstellungen, Intuitionen, Moralvorstellungen
✓ Erwartungen, keine organisatorischen Regelungen

Aufgabe 122
Was versteht man unter einem Führungsstil und welches sind die Grundausrichtungen?

✓ Charakteristische Grundausrichtung über die Theorie zur Führung von Menschen
✓ Grundausrichtungen: autokratischer, charismatischer, bürokratischer, patriarchalischer Führungsstil

Aufgabe 123
Wie unterscheiden sich das mitarbeiterorientierte und das aufgabenorientierte Führungsverhalten?

✓ Mitarbeiterorientiert: Berücksichtigung sozialer und humanistischer Elemente und Mitarbeiterbedürfnisse bei der Führung
✓ Aufgabenorientiert: Führung durch strikte Aufgabenzuteilung, Produktivitätszwang

Aufgabe 124
Was bedeutet Delegation von Aufgaben und welche Faktoren müssen dabei abgestimmt werden?

✓ Delegation: Aufgabenzuteilung mit begrenzten Befugnissen und Verantwortungen
✓ Abstimmung der Aufgaben, der Kompetenzen und der

Verantwortung des Mitarbeiters

Aufgabe 125
Welche Arten der Kontrolle über Mitarbeiter kann eine Führungskraft nutzen?

- ✓ Prozesskontrolle: Abgleich zwischen angewandten und vorgeschriebenen Handlungen
- ✓ Ergebniskontrolle: Abgleich von Quantität und Qualität der ausgeführten Arbeit

Aufgabe 126
Nennen Sie Hinweise für eine optimale Kontrolle.

- ✓ Kontrolle durch emotionsfreie, objektive Bewertung
- ✓ Ausgewogenheit bezüglich der Kontrollhäufigkeit beachten
- ✓ Selbstkontrolle fördern
- ✓ Gespräche über gute und schlechte Arbeitsergebnisse führen

Aufgabe 127
Welche Anlässe für Mitarbeitergespräche sind Ihnen bekannt?

- ✓ Neueinstellung, Entlassung, Umsetzung
- ✓ Beurteilung des Mitarbeiters, Kritikäußerung
- ✓ Beförderung

Aufgabe 128
Welche Vor- und Nachteile ergeben sich aus einer indirekten Gesprächsführung?

- ✓ Vorteil: Aktive Teilnahme des Mitarbeiters, Zufriedenheit steigt durch offene Aussprache, Gefühl der Mitbestimmung, kein Zeitdruck
- ✓ Nachteil: Keine Konzentration auf das Wesentliche, längere

Gesprächsdauer, Unsicherheiten über das Ziel des Gespräches

Aufgabe 129
Beschreiben Sie den organisatorischen Rahmen einer Besprechung.

✓ Feststellung der aktuellen Situation
✓ Protokollführung wird festgelegt
✓ Tagesordnungspunkte werden genannt und besprochen
✓ Definition des Umfanges und Diskussionsausmaßes der Themen
✓ Reihenfolge der Tagesordnungspunkte bestimmen

Aufgabe 130
Nennen Sie 3 Führungsgrundsätze.

✓ Führung und alle Führungsmaßnahmen sind an den Unternehmenszielen auszurichten
✓ Einbeziehung der Mitarbeiter in die Zielbildung sowie die Aufgabenplanung
✓ Eigenverantwortliche Wahrnehmung der delegierten Aufgaben

Aufgabe 131
Welche Beispiele für Einsatzmöglichkeiten sehen Sie für einen unabhängigen, welche für einen lebhaften Mitarbeiter?

✓ Unabhängiger Mitarbeiter: Kein Teamwork, Einzelarbeit, sachliche Tätigkeiten
✓ Lebhafter Mitarbeiter: Innovationsmanagement, Umsetzung von Kreativitätstechniken in der Gruppenarbeit

Aufgabe 132
Welche Gründe sehen Sie in der gestiegenen Coaching- Bereitschaft?

✓ Wertewandel

✓ Mitarbeiter sowie die Führung sind anspruchsvoller
✓ Weiterentwicklung der Führungsstärke

Aufgabe 133

Zählen Sie die Formen des Einzel- bzw. des Gruppencoachings auf.

✓ Externes Coaching mit unternehmensfremden Berater
✓ Firmeninternes Coaching
✓ Coaching durch Vorgesetzten

Aufgabe 134

Was ist ein Anreizsystem? Wie gliedern sich Anreizsysteme und welches Element hat eine übergeordnete Bedeutung?

✓ Anreizsystem: System zur Befriedigung der unterschiedlichen Mitarbeiter- Bedürfnisse unter Zuhilfenahme diverser Anreize
✓ Gliederung in materielle und immaterielle Anreize
✓ Höchste Bedeutung hat die Entlohnung, also der monetäre Anreiz

Aufgabe 135

Aus welchen Komponenten setzt sich die Entlohnung für einen Mitarbeiter zusammen? Was versteht man unter absoluter und relativer Lohnhöhe?

✓ Komponenten: Lohn und Gehalt, Betriebliche Sozialleistungen, Erfolgsbeteiligung
✓ Absolute Lohnhöhe: Ausrichtung nach Art und Umfang der Leistungen
✓ Relative Lohnhöhe: Verhältnis der einzelnen Löhne, unabhängig von der Leistungsart

Aufgabe 136

Wie können Löhne und Gehälter bezüglich der Gerechtigkeit aufgeteilt werden?

✓ Marktgerechte, sozialgerechte, qualifikationsgerechte, leistungsgerechte, anforderungsgerechte Entlohnung

Aufgabe 137
Nennen Sie die Hauptlohnformen. Was verstehen Sie unter einem Leistungslohnsystem?

✓ Formen: Zeitlohn, Akkordlohn, Prämienlohn
✓ Leistungslohnsystem: zusammenfassende Nennung von Akkordlohn und Prämienlohn

Aufgabe 138
Charakterisieren Sie den Zeitlohn. Welche Berufsgruppen fallen darunter?

✓ Entlohnung für geleistete Zeit ohne Berücksichtigung der Arbeitsmenge
✓ Festgelegter Lohnsatz
✓ Beamte, Angestelltenvergütung

Aufgabe 139
Unter welchen Umständen ist die Anwendung eines Zeitlohnes denkbar?

✓ Anwendung denkbar bei Tätigkeiten, die unter Sorgfaltspflicht und Gewissenhaftigkeit ausgeübt werden oder bei schlechter bis gar keiner Messbarkeit der Leistung

Aufgabe 140
Welche Nachteile hat der Akkordlohn für einen Mitarbeiter? Welche Vorteile entstehen aus Sicht des Unternehmens?

✓ Nachteil Mitarbeiter: Überschätzung, Lohnschwankungen
✓ Vorteil Unternehmen: Planung aller Produktionsfaktoren im Vorfeld, Optimale Fertigungssteuerung

Aufgabe 141
Was wird als die 5 Säulen der Sozialversicherung bezeichnet?

- ✓ Krankenversicherung
- ✓ Pflegeversicherung
- ✓ Unfallversicherung
- ✓ Rentenversicherung
- ✓ Arbeitslosenversicherung

Aufgabe 142
Welche Vorteile hat die Gewährung von freiwilligen sozialen Leistungen seitens des Arbeitgebers?

- ✓ Verringerung der Steuerlast
- ✓ Förderung der Attraktivität bei Stellenbewerbern
- ✓ Verringerung der Gewerkschaftsmacht
- ✓ Arbeitsmotivation wächst

Aufgabe 143
Nennen Sie Formen der Erfolgsbeteiligung und dazu je ein Beispiel.

- ✓ Ertragsbeteiligung: Umsatzbeteiligung
- ✓ Gewinnbeteiligung: Ausschüttungsgewinnbeteiligung
- ✓ Leistungsbeteiligung: Produktivitätsbeteiligung

Aufgabe 144
Welche weiteren sozialen Leistungen kann ein Unternehmen gewähren, um seine Attraktivität zu steigern?

- ✓ Betriebskindergärten
- ✓ Betriebswohnungen
- ✓ Betriebsrente

Aufgabe 145
Nennen Sie die Ziele für den Einsatz der betrieblichen Sozialarbeit.

✓ Vermeidung von Fluktuation im Unternehmen
✓ Bindung an das Unternehmen
✓ Verringerung von Stress für Arbeitnehmer durch zusätzliche Sicherheiten
✓ Zufriedene, motivierte Mitarbeiter erzielen höhere Arbeitsleistung

Aufgabe 146
Mit welchen Grundsätzen sollte die Sozialarbeit eingeführt werden?

✓ Geltungsbereich für alle Mitarbeiter
✓ Verbindung diverser Ziele verschiedener Personen- und Anspruchsgruppen
✓ Positive Beeinflussung der Unternehmensprinzipien

Aufgabe 147
Welche Informationssysteme benutzt die Personalwirtschaft? Welcher Aspekt spielt hier eine bedeutende Rolle?

✓ Arten: Personalinformationssysteme, Personalbeurteilung, Organisatorische Personaldatensysteme
✓ Hohe Bedeutung hat der Datenschutz in der Nutzung von Personaldaten

Aufgabe 148
Wie lassen sich die Anforderungen an die Personalverwaltung formulieren?

✓ Bereitstellung der Personaldaten zum angeforderten Termin
✓ Verwaltung der Personaldaten für interne und externe Belange
✓ Erfassung, Pflege, Aufbereitung, Aktualisierung der

Personaldaten
✓ Anwendung spezieller EDV für die Wahrnehmung der Aufgaben

Aufgabe 149
Nennen Sie Beispiele für praktische Tätigkeiten einer Personalverwaltung.

✓ Lohnauszahlungen, Erstellung von Entgeltabrechnungen, Berechnung der Abzüge für Sozialversicherungen, Erstellen von Lohnstatistiken, Kontrolle der Arbeitszeiterfassungen

Aufgabe 150
Auf welche unterschiedlichen Quellen lassen sich Personaldaten zurückführen?

✓ Personenbezogene Daten
✓ Entgeltbezogene Daten
✓ Marktbezogene Daten
✓ Produktionsbezogene Daten
✓ Stellenbezogene Daten

Aufgabe 151
Definieren Sie das Personalinformationssystem.

✓ System mit vollständigen, geordneten Daten zur Erfassung, Aktualisierung, Speicherung, Weiterverarbeitung, Auswertung aller relevanten Personalinformationen

Aufgabe 152
Wozu dient eine Personalakte und welche Grundsätze sollten dabei eingehalten werden?

✓ Sammlung und Aufbewahrung aller relevanten Informationen und Unterlagen zum Arbeitsverhältnis, ermöglicht schnellen Überblick über alle Mitarbeiter

✓ Grundsätze: jeder Arbeitnehmer bekommt eine Personalakte, Zentrale Verwaltung, Vollständigkeitsregel, Aktualisierungsgebot

Aufgabe 153
Nennen Sie alle Abzüge aus dem Weg vom Brutto- zum Nettoentgelt.

✓ Lohnsteuer, Solidaritätsbeitrag, Kirchensteuer, Krankenversicherung, Pflegeversicherung, Arbeitslosenversicherung, Rentenversicherungsbeitrag

Aufgabe 154
Im Rahmen der Statistik zur Personalstruktur können Arbeitsverhältnisse bzw. Arbeitnehmer nach bestimmten Kriterien unterschieden werden. Nennen Sie 4 Kriterien.

✓ Art des Arbeitnehmers: Auszubildender, Angestellter, Arbeiter
✓ Dauer der Betriebszugehörigkeit
✓ Entlohnungsform: Lohn, Gehalt, Vergütung
✓ Qualifikation: Studium, Lehre, Angelernte Kräfte

Aufgabe 155
Nennen Sie Arten der Personalbewegung.

✓ Innerbetriebliche Personalbewegung (Versetzung)
✓ Außerbetriebliche Personalbewegung (Rente)
✓ Zwischenbetriebliche Personalbewegung (Kündigung)

Aufgabe 156
Zählen Sie Arbeiten unter Zuhilfenahme eines elektronischen Personalwesensystems auf, die bei einer Beendigung eines Arbeitsverhältnisses anfallen.

✓ Ausstellung eines Arbeitszeugnisses
✓ Formulierung des Kündigungsschreibens

✓ Änderung der Personalakte

Aufgabe 157
Welche Anlässe für eine Personalbeurteilung gibt es?

✓ Ablauf der Probezeit oder des Arbeitsverhältnisses
✓ Weiterbildung- oder Fördermaßnahmen
✓ Umsetzung, Versetzung
✓ Entgelterhöhung
✓ Auf Wunsch des Mitarbeiters

Aufgabe 158
Benennen Sie verschiedene Ziele einer Beurteilung.

✓ Leistungssteigerung, Motivation der Mitarbeiter
✓ Objektive, einheitliche Beurteilung und Schaffung einer Vergleichbarkeit
✓ Förderung der Führungsleistung
✓ Verbesserung der Arbeitsergebnisse

Aufgabe 159
Erklären Sie das Einstufenverfahren zur Personalbeurteilung und geben Sie einen Hinweis auf die Anwendung in Wirtschaftsunternehmen.

✓ Zuordnungsprinzip von Bewertungsstufen (z.B. 1-10) zu Abstufungen des Verhaltens der Mitarbeiter (z.B. erledigte seine Arbeit gut oder sehr gut oder erfüllte die Erwartungen)
✓ Höchste Verbreitung in der Wirtschaft

Aufgabe 160
Welche Vorteile haben die Beurteilungen durch Kollegen und die Selbstbeurteilung?

✓ Durch Kollegen: Bessere Einschätzung durch täglichen Kontakt und soziale Bindung möglich

✓ Selbstbeurteilung: Größerer Überblick über eigene Leistung, Ehrlichkeit und Selbstreflexion wird sichtbar

Aufgabe 161

Welche allgemeingültigen Richtlinien müssen bei der Erstellung von Arbeitszeugnissen beachtet werden?

✓ Schriftliche Verfassung, Format A4, Umfang ca. 2 Seiten, Vermeidung nachträglicher Veränderungen, Klare Wortwahl

Aufgabe 162

Nennen Sie inhaltliche Vorschriften bei der Formulierung eines Arbeitszeugnisses.

✓ Wahrheitspflicht, Sorgfaltspflicht, Fürsorgepflicht auch für die Zukunft des Arbeitnehmers, grobe Verfehlungen je nach Sachverhalt aufnehmen/weglassen

Aufgabe 163

Unterscheiden Sie verschiedene Arten von Arbeitszeugnissen. Welcher Unterschied ist hierbei zu erkennen?

✓ Einfache Arbeitsbescheinigung

✓ Qualifiziertes Arbeitszeugnis

✓ Unterscheidung: bei dem qualifiziertem Arbeitszeugnis werden zusätzlich zur Dauer und Art der Tätigkeit die Leistungen und das Verhalten des Mitarbeiters beurteilt

Aufgabe 164

Was verstehen Sie unter einer verdeckten Zeugnissprache? Wodurch ist diese gekennzeichnet und aus welchem Grund ist sie entstanden?

✓ Angewendete Sprache von Führungskräften, die bestimmte

Wörter und Wortgruppen enthalten

✓ Kennzeichnung: eine durchweg positive Grundstimmung der gewählten Wörter

✓ Grund: Forderungen der Gerichte und Gesetze nach einer wohlwollenden Formulierung in Arbeitszeugnissen

Aufgabe 165

Durch welchen Zusammenhang kann die Aussagekraft eines Zwischenzeugnisses erschwert werden?

✓ Zwischenzeugnisse können durchaus bessere Ergebnisse und Bewertungen aufweisen als Endzeugnisse, da der Arbeitgeber mit einer positiven Bewertung motivieren will

Aufgabe 166

Unter den heutigen Umwelt- und Umfeldbedingungen lassen sich Trends und Entwicklungstendenzen der Personalwirtschaft erkennen. Zählen Sie diverse Trends auf.

✓ Kultur- und Technologiewandel

✓ Frauen in der Personalführung

✓ Flexibilisierung der Systeme und Arbeitszeiten

✓ Individualisierung und Humanisierung

Aufgabe 167

Welche neuen Anforderungen werden seitens der Arbeitnehmer an eine Arbeit gestellt?

✓ Arbeit soll mehr Spaß als Pflicht sein

✓ Arbeitsentlohnung als Stellenwert für eigene Achtung

✓ Arbeit muss einen nachvollziehbaren Sinn ergeben

✓ Weniger Arbeitsmotivation durch besonderen Status oder Stellenwert

✓ Mehr Freizeit als Arbeit

Aufgabe 168
Zählen Sie einige Einflussfaktoren für das Angebot an Arbeit auf.

- ✓ Bevölkerung (-sschicht)
- ✓ Arbeitszeiten
- ✓ Erwerbsquote
- ✓ Entlohnung
- ✓ Verteilung der Fachkräfte

Aufgabe 169
Welche Auswirkungen wird der technologische Wandel für die Personalwirtschaft der Zukunft haben? Welcher Wirtschaftszweig gewinnt an Bedeutung?

- ✓ Bedarf an Hoch-Qualifizierten steigt durch Bedeutungsabnahme der einfachen, ausführenden Tätigkeiten
- ✓ Dienstleistungswirtschaft gewinnt an Bedeutung, da die reine Produktion von Waren an Bedeutung verliert

Aufgabe 170
In welchen Bereichen werden Frauen in der Zukunft vorrangig eingesetzt werden können?

- ✓ Einzelhandel
- ✓ In Unternehmen, die mittelfristig bereits den Frauenanteil erhöht haben
- ✓ Bereiche mit geringer Attraktivität

Aufgabe 171
Worin unterscheiden sich der polyzentrische, der geozentrische und der ethnozentrische Ansatz im Bereich des internationalen Personalwesens?

- ✓ Geozentrische Ansatz: Verbindung zwischen kulturellen und nationalen Unterschieden der Personalwirtschaft herstellen

✓ Ethnozentrische Ansatz: Übertragung der Personalpolitik des Stammhauses auf alle internationalen Niederlassungen

✓ Polyzentrischer Ansatz: Selbstständigkeit der internationalen Niederlassungen

Aufgabe 172

Warum könnten Mitarbeiter negativ reagieren bei der Einführung von neuen technologischen Verbesserungen?

✓ Angst vor Verlust des Arbeitsplatzes aufgrund Rationalisierung durch EDV

✓ Unsicherheit im Umgang neuer Technologien

✓ Abbau des individuellen Arbeitsprozesses des Mitarbeiters

Aufgabe 173

Welche Maßnahmen zur Sicherung der bestehenden Arbeitsplätze sind Ihnen bekannt?

✓ Eigene Ausführung von Arbeiten bei bisheriger Fremdvergabe

✓ Neue Stellen werden durch firmeneigenes Personal besetzt

✓ Keine Benachteiligung bei Versetzungen

Aufgabe 174

Nennen Sie Faktoren, die für die Qualifikation von Führungskräften in der Zukunft notwendig sein werden.

✓ Kreativität, Lernfähigkeit, Konfliktfähigkeit, Teamfähigkeit, Denken in großen Zusammenhängen, Humanität bei der Menschenführung

Aufgabe 175

Was muss bei der Einführung neuer Arbeitszeitregelungen beachtet werden?

✓ Keine Freizeitschmälerung, keine Einkommenseinbußen, keine

Zusatzbelastungen

Aufgabe 176
Was kennzeichnet einen flexiblen, an die Umweltbedingungen angepassten Mitarbeiter aus?

- ✓ Soziale Intelligenz
- ✓ Mehrfach- Qualifikation
- ✓ Schnelle Auffassungsgabe an veränderte Bedingungen
- ✓ Fähigkeit zur Selbstorganisation und Motivation

Aufgabe 177
Welche Probleme treten bei der Möglichkeit für Arbeitnehmer auf, zwischen dem Entgelt und Unternehmens- und Sozialleistungen des Arbeitgebers zu wählen?

- ✓ Erheblicher Verwaltungsaufwand
- ✓ Abbau allgemeiner Leistungen
- ✓ Wegfall von Kontrollmöglichkeiten für Gewerkschaften

Aufgabe 178
Welche Charakteristik ergibt sich aus der Orientierung an flachen Hierarchien und Verwaltungsstrukturen für das Personalwesen?

- ✓ Ausrichtung am Humankapital
- ✓ Ständige Lern- und Wandelbereitschaft
- ✓ Kooperation
- ✓ Ganzheitlichkeit
- ✓ Beachtung der Individualisierung

Aufgabe 179
Was sollte im Vorfeld einer Qualitätsausrichtung im Unternehmen mit den Mitarbeitern besprochen werden?

- ✓ Begriffliche Klärung von Qualität
- ✓ Qualität ist eine Aufgabe für alle und nicht nur der Qualitätsabteilung
- ✓ Qualität soll nicht unter einem (kostengünstigem) System leiden

Aufgabe 180
Wann ist eine Organisation oder ein Management innovativ?

- ✓ Vorliegen einer Erneuerung
- ✓ Veränderung eines bestehenden Systems
- ✓ Änderungen betreffen Objekte oder soziale Verhaltensweisen

Aufgabe 181
Welche Wirkungen haben Visionen auf Mitarbeiter?

- ✓ Identifikation und Motivation
- ✓ Sinnvermittlung, Anerkennung
- ✓ Begeisterungskraft

Aufgabe 182
Welche Anforderungen werden an eine Führungskraft mit der Forderung nach ganzheitlichem Management gestellt?

- ✓ Zeitintensive Problemlösungsphase
- ✓ Situation im Zusammenhang, als Netzwerk betrachten
- ✓ Recherche aller Einflüsse zu Personalentscheidungen
- ✓ Ständiges, kritisches Hinterfragen

Aufgabe 183
In welchen Punkten unterscheidet sich das Personalcontrolling von dem herkömmlichen Controlling in Unternehmungen?

✓ Personalcontrolling hat die Personalarbeit im Vordergrund und das menschliche Verhalten

✓ Konzentration auf arbeitsbedingte Prozesskontrolle

✓ Basis ist die Unternehmenspolitik und demnach die Hauptausrichtung nach ökonomischen oder sozialen Zielen

Aufgabe 184
Wie unterscheiden sich operatives und strategisches Personalcontrolling?

✓ Strategisches Personalcontrolling: Langfristige Maßnahmen unter der Voraussetzung der Abstimmung und Anpassung, ausgehend von der Unternehmensphilosophie

✓ Operatives Personalcontrolling: Interne Organisation des quantitativen Personalmanagementbereiches, z.B. Kosten, Aufwand, Ertrag in Vergleich mit den Wirkungen und Führungsgrundsätzen

Aufgabe 185
Nennen Sie Ziele eines effektiven Personalcontrollings.

✓ Umfangreiche Unterstützungsfunktion der Personalabteilung

✓ Aufbereitung und Förderung des Informationswesens im Personalwesen

✓ Verbesserung der Koordination der Personalwirtschaft

Aufgabe 186
Nennen Sie die 3 Ebenen des Personalcontrollings und geben Sie je ein Beispiel.

✓ Effektivitätscontrolling- Produktivität der Arbeitsausführung

✓ Effizienzcontrolling- Zeitanalysen

✓ Kalkulatorisches Controlling- Kostenrechnung

Aufgabe 187

Zählen Sie verschiedene Instrumente des Personalcontrollings auf.

- ✓ Mitarbeiterbefragung
- ✓ Stärken-Schwächen Analysen
- ✓ Früherkennungssysteme
- ✓ Beurteilungssysteme
- ✓ Portfolio- Techniken

Aufgabe 188

Wie unterscheiden sich die personalpolitischen Maßnahmen bei unterschiedlichen Unternehmensstrategien? Gehen Sie auf die Wachstums,- Konsolidierungs,- Diversifikations- und Rückzugsstrategie ein.

- ✓ Wachstumsstrategie: Erhöhung der Personalquantität- oder Qualität
- ✓ Konsolidierungsstrategie: Erhaltung der Personalqualität, Suche nach rationelleren Lösungen
- ✓ Diversifikationsstrategie: Personalrekrutierung mit Fachpersonal in neuen Tätigkeitsfeldern
- ✓ Rückzugsstrategie: Personalabbau

Aufgabe 189

Definieren Sie das prozessorientierte Personalcontrolling und nennen Sie die Ziele.

- ✓ Einsatz von Instrumenten zur Erhöhung der Arbeitsleistung in der Wertschöpfungskette
- ✓ Ziel: Erhöhung der Wirtschaftlichkeit, Abbau von Störungen im Prozess,
- ✓ Kostentransparenz

Aufgabe 190

Wie werden die Kosten in der Prozesskostenrechnung im Personalwesen aufgeteilt? Welchen Vorteil hat diese Einteilung?

✓ Verursachungsgerechte Kostenaufteilung

✓ Vorteil: Chance zur Reflektion und Änderung des Verhaltens der Führungskräfte durch direkte Zuordnung von Kosten und Nutzen einzelner Entscheidungen

Aufgabe 191
Welche Anforderungen werden an einen Personalcontroller gestellt?

✓ Verantwortlichkeit über Berichte, Analysen

✓ Kommunikationsbereitschaft zu kritisch eingestellten Mitarbeitern

✓ Entscheidungskompetenz über Datenqualität und dessen Aussagekraft

Aufgabe 192
Nennen Sie Beispiele für Aufgaben des Personalcontrolling aus den Bereichen Personalbeschaffung, Personalentwicklung und Personalfreisetzung.

✓ Personalbeschaffung: Ermittlung kostengünstiger Beschaffungsquellen

✓ Personalentwicklung: Laufbahncontrolling

✓ Personalfreisetzung: Festsetzung der kostengünstigsten Freisetzungsform

Aufgabe 193
Welche Problemfelder sehen Sie bei der Integration des Personalcontrollings in die Unternehmensorganisation?

✓ Erhebliches Akzeptanzproblem bei Mitarbeitern

✓ Angst der Arbeitnehmer vor dem gläsernen Mitarbeiter

✓ Zuordnungsproblem: Personalabteilung oder Controllingabteilung

Aufgabe 194

Was verstehen Sie unter dem Ausdruck „betriebliches Zielsystem" ?
Nennen Sie gleichzeitig das Hauptziel jedes Unternehmens!

✓ Vorhandensein mehrerer Haupt- und Nebenziele im Unternehmen, die sich wechselseitig beeinflussen

✓ Hauptziel: Langfristige Gewinnmaximierung

Aufgabe 195

Wie lassen sich die Ziele des Unternehmens einteilen? Geben Sie 3 Untergliederungen mit je einem Beispiel an.

✓ Monetäre und nichtmonetäre Ziele

Beispiel monetäres Ziel: Umsatzsteigerung

Beispiel nichtmonetäres Ziel: Sicherung der Arbeitsplätze

✓ Ober-, Zwischen-, und Unterziele

Beispiel: Oberziel: Gewinnmaximierung

Beispiel Zwischenziel: Steigerung des Absatzes bei Produktgruppe A um 15%

Beispiel Unterziel: Umsatzsteigerung um 5 % durch Mitarbeiter der Vertriebsabteilung C im Gebiet X

✓ Begrenzte und unbegrenzte Ziele

Beispiel begrenztes Ziel: Erhöhung des Umsatzes um 30 %

Beispiel unbegrenztes Ziel: maximale Kostensenkung

Aufgabe 196

Welches Risiko entsteht bei ungenauen, unbegrenzten Zielvorgaben des Unternehmens?

✓ Nichtkontrollierbarkeit der Unterziele

✓ Fehlende Motivation der Mitarbeiter

✓ Kein Vergleich möglich, Vorgaben können nicht an jeweilige Situation angepasst werden

Aufgabe 197

Was ist Planung und welche Aufgaben und Anforderungen bestehen für die Planungsabteilung eines Unternehmens?

✓ Planung ist das Vorausdenken der eigenen Tätigkeiten und Handlungen

✓ Aufgabe: Entscheidungen für einen Zeitraum fällen und in alle Teilbereiche des Unternehmens tragen
✓ Herausforderung besteht darin, aus vielen Möglichkeiten die geeignete auszuwählen und anzuwenden

Aufgabe 198
Welche Bedeutung hat die Planung für das betriebliche Zielsystem?
✓ Für die Umsetzung der festgelegten Ziele ist die Planung der betrieblichen Prozesse nötig

Aufgabe 199
Was wird strategisch und was wird operativ im Unternehmen geplant?
✓ Strategisch: langfristige Ausrichtungen zur Schaffung/Erhaltung von Erfolgsfaktoren im Unternehmen
✓ Operativ: Umsetzung der strategisch geplanten Ziel

Aufgabe 200
Welchen zeitlichen Horizont hat die strategische bzw. operative Planung?
✓ Strategisch: langfristige Planungen
✓ Operativ: mittel- und kurzfristige Planungen

Aufgabe 201
Was ist auf operativer Ebene notwendig, um die strategische Planungsziele zu erreichen?
✓ Formulierung von Maßnahme- Plänen

Aufgabe 202
Erklären Sie den Zusammenhang zwischen strategischer und operativer Planung am Beispiel eines langfristig geplanten Absatzplanes und kurzfristig aufgetretenen Produktionsengpässen!
✓ Um langfristig den Absatzplan *produzierte Menge bei geplantem Absatz*- einhalten zu können, ist ein Ausgleich auf operativer Ebene durch den Ausgleich der Teilpläne notwendig

✓ Im Beispiel kann vom Absatzplan abgewichen werden, indem auf die Lagerplanung zurückgegriffen wird, um die kurzfristigen Schwankungen von Produktion und Absatz auszugleichen

Aufgabe 203
Wodurch ermöglicht die betriebliche Statistik die Bewertung vergangenheitsbezogener, aktueller oder zukünftiger Entwicklungen?
✓ Durch den Vergleich von betrieblichen Kennzahlen

Aufgabe 204
Was unterscheidet die Vergleichsrechnung von der Planungsrechnung?
✓ Vergleichsrechnung betrachtet die Entwicklung im Zeitablauf und setzt Kennzahlen zueinander in Beziehung
✓ Planungsrechnung hingegen bezieht sich auf Schätzwerte für zukünftige Entwicklungen

Aufgabe 205
Nennen Sie das Grundproblem der Planung und erforderliche Maßnahmen zur Vermeidung und Abschwächung dieses Problems.
✓ Grundproblem = Unsicherheit
✓ Kontrolle der Ist- Ziele mit den Soll – Zielen
✓ Nachbesserung und Ursachenforschung bei Abweichungen der Pläne

Aufgabe 206
Grundlage für die strategische Entscheidung ist der strategische Handlungsspielraum. Wodurch wird dieser bestimmt?
✓ Handlungszwänge, Ausmaß der Eigengestaltung
✓ Externe Restriktionen wie Gesetze, Verbraucherschutzregelungen, Arbeitsrecht, Umweltschutz
✓ Interne Restriktionen: Verantwortungsethik, moralische Verantwortung des Entscheiders

Aufgabe 207

Welche Voraussetzungen müssen vorliegen, um Entscheidungen treffen zu können?
- ✓ Ausgereifte Informationen
- ✓ Wissen über betriebliche Abläufe und Zusammenhänge im Vorfeld der Entscheidung

Aufgabe 208

Die Planung hängt entscheidend von der Strategiewahl für das Unternehmen ab. Erklären Sie die unterschiedlichen Planungsprozesse am Beispiel der Kostenführerschaft bzw. der Differenzierung.
- ✓ Kostenführerschaft: Planung hinsichtlich aggressiver Preispolitik, hoher Rationalisierung, ausgereiftem Vertriebsnetz
- ✓ Differenzierung: Planung hinsichtlich qualitativem Kundendienst, Zusatznutzen, Unternehmensphilosophie

Aufgabe 209

Welche Elemente gehören zu einer Organisation?
- ✓ Menschen, Aufgaben, Prozesse

Aufgabe 210

Was ist eine Organisation?
- ✓ Soziales System zur Erreichung verschiedener Ziele mit mehreren Menschen
- ✓ Organisationen sind auf längere Zeit angelegt und strukturiert durch Verantwortungshierarchien und Arbeitsteilung

Aufgabe 211

Wie unterscheiden sich die Ziele von Organisation und Organisationsentwicklung?
- ✓ Ziel der Organisation ist die Steigerung der Leistungsfähigkeit
- ✓ Ziel der Organisationsentwicklung ist die Einbeziehung des Wandel in einer Organisation

Aufgabe 212

Was verbindet die Aufbau- und Ablauforganisation eines Unternehmens miteinander?

✓ Aufbauorganisation verknüpft die Grundelemente und stellt eine Hierarchie der Verantwortung dar

✓ Ablauforganisation legt Arbeitsvorgänge fest, die sich durch die Aufbauorganisation ergeben

Aufgabe 213

Welche Gründe sind ursächlich für die Entstehung der Organisationsentwicklung (OE) ? Nennen Sie 3 Gründe.

✓ Wandel der Arbeitswelt

✓ Technologische Entwicklung

✓ Globalisierung der Märkte, internationaler Konkurrenzdruck

Aufgabe 214

Nennen Sie das Oberziel der Organisationsentwicklung und mindestens 3 weitere Nebenziele.

✓ Oberziel: Steigerung der Leistungsfähigkeit

✓ Nebenziele: Schaffung von menschenwürdigen Organisationen, Zufriedene Mitarbeiter, Verbesserung des Zusammenwirkens von Aufbau- und Ablauforganisation, Gestaltung der Organisation mit flexiblen, anpassungs- und reaktionsfähigen Elementen, Förderung der Selbstorganisation

Aufgabe 215

Unterscheiden Sie die Modelle „Top- Down" und „Bottom- Up" zur Berücksichtigung des Wertewandels im Unternehmen.

✓ Top- Down: Veränderungsprozess ausgehend von der oberen Führungsebene an untere Ebenen (z.B. Wertevermittlung)

✓ Bottom- Up: Veränderungsprozess ausgehend von der unteren Ebene an darüber liegende Ebenen (Tägliche Erfahrungen der Mitarbeiter)

Aufgabe 216

Wie äußert sich der Zusammenhang bezüglich des Wandels der Managementmethoden in den USA, Japan und in Europa?

✓ Japan: Entwicklung neuer Managementmethoden
✓ USA: Übernahme dieser neuen Methoden und regionale Anpassung
✓ Europa: Vorurteile, aber langsame und schrittweise Integration der Mitarbeiter in die Unternehmensprozesse

Aufgabe 217
Durch welche Reihenfolge kann die Organisationsentwicklung schrittweise umgesetzt werden?
✓ Problemanalyse und Problembewusstsein schaffen
✓ Zielsetzung und Willensbildung, fixiert im Soll- Plan
✓ Aktives Lernen der Mitarbeiter
✓ Unterstützung und Schaffung der Veränderungen in der Organisation
✓ Durchführung des Soll- Planes in die Organisation und deren Abläufe

Aufgabe 218
Welche 4 Formen des organisationalen Lernens sind Ihnen bekannt?
✓ Lernen aus Erfahrungen
✓ Lernen durch vermitteltes Lernen
✓ Lernen durch Zukauf neuen Wissens
✓ Lernen durch Fähigkeit zum verknüpften Denken

Aufgabe 219
Welche Probleme ergeben sich bei der Entwicklung und Durchführung einer lernenden Organisation?
✓ Schnittstellenproblem bei der Weitergabe des erlernten Wissens in die Organisation oder Prozesse des Unternehmens

Aufgabe 220
Worin unterscheiden sich Informationen vom Wissen?
✓ Eine Information ist die unbewertete Kenntnis über einen Sachverhalt

✓ Wissen ist die begründete, bewertete Kenntnis über einen Sachverhalt

Aufgabe 221
Wie entsteht Wissen und wie kann Wissen eingeteilt werden?
✓ Entstehung: angeboren, durch Kultur geprägt oder angelernt
✓ Unterteilung: zeitlich beschränkt, allgemein oder speziell, individuell oder strukturiert, explizit oder implizit

Aufgabe 222
Was versteht man unter dem Begriff Wissensmanagement?
✓ Förderung, Erfassung, Speicherung, Weiterentwicklung, Nutzung, Auswertung, Analyse und Weiterführung des Wissens einer Organisation

Aufgabe 223
Nennen Sie 5 verschiedene Aufgaben des Wissensmanagements in einer Unternehmung.
✓ Versorgung des Unternehmens mit Informationen
✓ Management der internen und externen Informationsquellen
✓ Förderung und Erfassung des Wissens
✓ Unternehmensweite, wissensorientierte Ausrichtung in der Unternehmenskultur
✓ Formulierung einer Wissensstrategie für das Unternehmen

Aufgabe 224
Nennen Sie Barrieren und Erfolgsfaktoren des Wissensmanagements.
✓ Barrieren: Wissenslücken, Informationsmängel, Unvollständigkeit, fehlende Zeit, unausgereifte technische Basis
✓ Unternehmenskultur, die Wissen als Erfolgsfaktor betrachtet und integriert, flexibel denkende, motivierte Mitarbeiter, technische Infrastruktur

Aufgabe 225
Wie definieren Sie Wissenstransfer und welche Bestandteile hat dieser?

✓ Wissenstransfer: Weitergabe, Austausch, Kommunikation von Wissen
✓ Bestandteile: Information, Erfahrungsaustausch, Datentransfer

Aufgabe 226
Warum gewinnt die Erforschung neuer Informations- und Wissensvorsprünge eine bedeutende Rolle für die Erreichung von Wettbewerbsvorteilen?
✓ Durch Wissensvorsprünge können Chancen erarbeitet werden, erfolgreicher Einsatz vor der Konkurrenz möglich
✓ Selbst bei Imitation bestehender Erfolgsfaktoren ist Anpassungsfähigkeit durch bereits neu generierte Informationen denkbar

Aufgabe 227
Erklären Sie die Aufgaben des Wissenstransfers anhand der verschiedenen Ebenen im Unternehmen.
✓ Unternehmensführungsebene: Planung des Wissensbedarfes und der Abdeckung, Kontrolle der Nutzung
✓ Mittlere Managementebene: Ordnung der Wissensstrukturen, Gliederung der Wissensträger, Ressourcen und Informationsquellen
✓ Untere Ebene: Bereitstellung der Wissensträger, Informationsquellen und der technologischen Unterstützung

Aufgabe 228
Wie unterscheiden sich individuelles und strukturelles Wissen voneinander?
✓ Individuelles Wissen: Wissen eines Menschen im Verlauf seines Lebens
✓ Strukturelles Wissen: Abbild des Wissens von Mitarbeitern, Systemen, Erfahrungen und Einflüssen einer Organisation

Aufgabe 229
Welcher Zusammenhang besteht zwischen individuellem, latentem und strukturellem Wissen in einer Organisation?
✓ Latentes Wissen besteht durch strukturelle Hindernisse, strukturelles Wissen ist abhängig von dem individuellen Wissen

Aufgabe 230
Definieren Sie implizites und explizites Wissen.
- ✓ Implizit: verborgenes, nicht durch Worte erklärbares Wissen
- ✓ Explizit: greifbares, aussprechbares, diskutierbares Wissen

Aufgabe 231
Wodurch wird das implizite Wissen beeinflusst?
- ✓ Individuelle Erfahrungen, Fähigkeiten, Intuitionen, Persönlichkeit, Kultur, Glaube, Religion, Ideale, Werte, Moralvorstellungen

Aufgabe 232
Welche Maßnahmen zur Umwandlung des impliziten in explizites Wissen sind Ihnen bekannt?
- ✓ Kommunikation mit dem Inhalt über angewandtes implizites Wissen an andere
- ✓ Nonverbale Kommunikation, z.B. Beobachtung

Aufgabe 233
Welche Voraussetzungen für eine optimale Wissenserfassung gibt es?
- ✓ Bereitstellung ausreichender Zeit für die Wissenserfassung neben dem Alltagsgeschäft
- ✓ Kenntnis über die Wissensträger
- ✓ Ausgereifte technische Basis

Aufgabe 234
Nennen Sie 3 Methoden zur Erfassung von Wissen.
- ✓ Wissensanalysen
- ✓ Erfassung durch die Untersuchung von Geschäftsprozessen
- ✓ Ausarbeitung durch Interviewtechniken oder kreative Techniken

Aufgabe 235
Welche Faktoren sind bei der Wissenserfassung maßgeblich?

- ✓ Zeitliche Dimensionierung der Erfassung (Aktualität des Wissens)
- ✓ Ausmaß des Wissensvorsprung vor der Konkurrenz
- ✓ Nutzungsgrad der Wissenskategorie
- ✓ Analyse der Bedeutung des Wissens für das Unternehmen

Aufgabe 236
Erklären Sie das Wesen von Unternehmensnetzwerken.
- ✓ Wirtschaftlich selbstständige Unternehmen schließen sich aufgrund gleicher Zielstellungen zusammen
- ✓ Freiwilliges Zusammenarbeiten von Konkurrenten, um gemeinsam Wettbewerbsvorteile zu erreichen

Aufgabe 237
Welche Ausprägungen von Netzwerken sind Ihnen bekannt?
- ✓ Netzwerke auf regionaler Ebene, strategischer oder operativer Ebene, zeitlich begrenzte, stabile oder instabile Formen, nach der Hierarchieebene, nach der Art der Netzwerkpartner

Aufgabe 238
Wo ist der Unterschied zwischen Informations- und Wissensnetzwerken?
- ✓ Informationsnetzwerk: Aufsuchen, Einbringen, Nutzen von Daten und Dokumenten
- ✓ Wissensnetzwerk: Recherche, Nutzung und Verteilung des Wissens

Aufgabe 239
Welche Risiken und welche Spannungsfelder können sich durch Netzwerke ergeben?
- ✓ Differenzen aufgrund unterschiedlicher Unternehmenskulturen
- ✓ Verschiedene Zielvorstellungen
- ✓ Spannungen aufgrund von unterschiedlich hohem Etat
- ✓ Vernachlässigung einzelner Interessen der Netzwerkpartner
- ✓ Gestörte Kommunikation durch unterschiedliche Informationstechnik

Aufgabe 240

Definieren Sie Informationstechnologie und erklären Sie die Bedeutung für den Unternehmenserfolg.

✓ Informationstechnologie: Aufnahme, Verarbeitung und Sicherung von Informationen und Daten

✓ Bedeutung: Informationstechnik ist mit dem heutigen Wandel zum entscheidenden Erfolgsfaktor geworden und nicht mehr nur zur Unterstützung des Arbeitsalltages gedacht

Aufgabe 241

Welche Herausforderungen ergeben sich für das Management der Informationstechnologie im Unternehmen?

✓ Organisation und Dokumentation der zu verarbeitenden Informationen

✓ Bewusste Steuerung der Wissensbasis im Unternehmen

✓ Beachtung der Kapazitätsgrenze der Aufnahmefähigkeit von Informationen

✓ Überangebot an Information führt zu Überlastung und veränderten Arbeitsreaktionen

✓ Zu viele Informationen verschlechtern die Urteilskraft und mindern die Fähigkeit zur komplexen Betrachtung

Aufgabe 242

Welche Ansprüche werden an das Zusammenspiel von Information und Informationsverarbeitung gestellt?

✓ Anpassung an Veränderungen durch Wandel

✓ Kommunikation zwischen Aufgabenträgern, Objekten und sachlicher Ressourcen

✓ Zielgerichtete Motivation der Mitarbeiter

Aufgabe 243

Welche Ziele werden mithilfe der Informationstechnologie verfolgt?

✓ Leistungssteigerung durch anwenderbezogene Aufgabenunterstützung

✓ Aufwertung der Qualität der Tätigkeiten und die Steigerung der Effizienz des Verwaltungshandels
✓ Verbesserung der Arbeitsabläufe: einfacher, sicherer und schneller
✓ Optimierung der Kommunikationsmöglichkeiten interner und externer Kommunikation

Aufgabe 244
Nennen Sie je zwei Beispiele für Anwendersysteme auf operativer und strategischer Ebene.
✓ Operative Ebene: Kontrolle der Prozesse: Zahlungseingänge, Arbeitszeiterfassungen
✓ Strategische Ebene: Ziele des Unternehmens: Trendforschung, Innovationsmanagement

Aufgabe 245
Unterscheiden Sie Managementinformationssysteme von Entscheidungsunterstützungs-systemen.
✓ Managementinformationssysteme: Anwendungen zur Unterstützung des Managements, geringe Analysefähigkeit, stellen eher Ergebnisse zusammen
✓ Entscheidungsunterstützungssysteme: Anwendungen zur Ausarbeitung entscheidungsrelevanter Tatbestände, anspruchsvolle Grafiken und hochaktuelle Analyse möglich

Aufgabe 246
Finden Sie je ein Beispiel für branchenspezifische und branchenneutrale Anwenderprogramme.
✓ Branchenspezifisch: Hotelreservierungssystem
✓ Branchenneutral: Finanz- und Rechnungswesen- Systeme

Aufgabe 247
Worin unterscheiden sich primäre und sekundäre Informationen?
✓ Primär: originale, durch eigene Erfahrung geprägte Basis der Daten
✓ Sekundäre: weitergegebene, bereits subjektiv beeinflusste Datenbasis

Aufgabe 248

Welche Bereiche versorgen das Unternehmen von innen mit Informationen?

✓ Buchführung, Kosten- und Leistungsrechnung, Absatzstatistik, Außendienstmitarbeiterberichte

✓ Personalwesen, Vertriebssystem, Lagerwirtschaft

Aufgabe 249

Welche externen Informationsquellen existieren?

✓ Einrichtungen, Verbände und Interessengemeinschaften, Industrie- und Handelskammern, wirtschaftswissenschaftlichen Institute, Landesämter

✓ Diverse Literatur: Bücher, Zeitschriften, Magazine, Fachveröffentlichungen

✓ Mediale Mittel, insbesondere das Internet

Aufgabe 250

Was versteht man allgemein unter Management und welche Unterscheidungen von Managementtechniken gibt es?

✓ Management: Lenkungsfunktion von mehreren Menschen in Organisationen

✓ Techniken: Förderung der eigenen Persönlichkeit und Selbstständigkeit und Maßnahmen zur gemeinsamen Problemlösung in der Gruppe

Aufgabe 251

Welche 5 Faktoren fördern das Selbstmanagement?

✓ Förderung der Willensbildung

✓ Ausbau der Kritikfähigkeit

✓ Ausbau der Gestaltungsfähigkeit

✓ Kontaktfähigkeit

✓ Förderung der Durchsetzungsfähigkeit

Aufgabe 252

Welche Vorteile können durch das Selbstmanagement erreicht werden?
- ✓ Optimale Organisation der eigenen Arbeit
- ✓ Stressabbau, weniger Aufwand und bessere Ergebnisse
- ✓ Steigerung der Arbeitsmotivation und der Zufriedenheit

Aufgabe 253
Unterteilen Sie anhand der ABC- Methode Aufgaben nach ihrer Wertigkeit und dem zeitlichen Aufwand.
- ✓ A- Aufgaben: nicht delegierbar, wichtige Aufgabe, geringer Zeitaufwand
- ✓ B- Aufgaben: durchschnittlich wichtig, nicht so dringend wie A-Aufgaben, mittlerer Zeitaufwand
- ✓ C- Aufgaben: unwichtige, routinemäßige Arbeiten, geringer Wertanteil, aber hoher Zeitaufwand

Aufgabe 254
Welche Vorteile entstehen durch eine Kreativitätsförderung im Unternehmen?
- ✓ Durch neue Impulse entstehen Entwicklungsmöglichkeiten hinsichtlich neuen Märkten, Zielgruppen und Produkten
- ✓ Wettbewerbsvorteile vor der Konkurrenz
- ✓ Motivation der Mitarbeiter wächst

Aufgabe 255
Mit welchen Methoden lassen sich Probleme diagnostizieren?
- ✓ Eckpunkt- Methode: Auswahl des Eckpunktes (Mensch, Thema, Produkt), Sammlung der Probleme zu den Eckpunkten, schrittweise Konkretisierung der Probleme , im Nachgang Ursachenforschung
- ✓ Progressive Abstraktion: Entfremdung des Problems, dadurch neue Sichtweise möglich

Aufgabe 256
Was sind Kreativitätstechniken? Nennen Sie 4 Unterteilungen zu den Kreativitätstechniken.

✓ Definition: Methoden zur kreativen Problemlösung, Anregungen schaffen, Ideenfindung

✓ Bereiche: Reizworttechniken, Assoziationstechniken, Bild- und Analogietechniken und systematische Ideensuche

Aufgabe 257

Worin unterscheiden sich Reizworttechniken von Assoziationstechniken?

✓ Reizworttechnik: Begriff aus Lexikon wird ausgesucht, Eigenschaften dazu aufgeschrieben, Zuordnung zum eigentlichen Problem

✓ Assoziationstechnik: in alle Richtungen denken, neue Ideen, Brainstorming

Aufgabe 258

Beschreiben Sie den Unterschied von Mind Mapping und Brainstorming.

✓ Mind- Mapping: Spezielle Grafik, die durch die Untergliederungen in Haupt- und Nebenäste immer mehr Details aufzeigt

✓ Brainstorming: Gruppenarbeit, in der spontan alle Äußerungen ohne Wertung zugelassen werden

Aufgabe 259

Nennen Sie die Phasen der Entscheidungsfindung!

✓ Problemdefinition, Zielklärung, Aufzeigen der Alternativen, Strukturierung des Problems, Entscheidungsfindung, Nachhaltigkeit prüfen

Aufgabe 260

Welche Techniken zur Entscheidungsfindung sind Ihnen bekannt?

✓ Einfache Entscheidungstabelle

✓ Entscheidungsbaum

✓ Nutzwertanalyse

✓ ABC Betrachtung

✓ Portfolio- Analyse

Aufgabe 261

Welchen Charakter haben Projekte?

- ✓ Zeitlich begrenzte Aufgabenfelder
- ✓ Abgegrenzt vom Arbeitsalltag
- ✓ Einzelfall mit spezieller Zielvorgabe

Aufgabe 262
Was beinhaltet das Management von Projekten?
- ✓ Planen, Steuern, Koordinieren, Kommunizieren von Projekten

Aufgabe 263
Welche verschiedenen Aufgaben werden dem Lenkungsausschuss bei Projektorganisationen übertragen?
- ✓ Formulierung des Projektauftrages, der Projektziele und Aufgaben
- ✓ Festlegung der Projektleitung
- ✓ Planung der Arbeitsmittel
- ✓ Zusammenstellung der Projektgruppen
- ✓ Genehmigung der Projektplanung
- ✓ Festsetzung der Zuständigkeiten und Hierarchien zwischen dem Lenkungsausschuss, der Projektleitung und dem Projektteam

Aufgabe 264
Nennen Sie mindestens 5 Bestandteile eines Projekthandbuches.
- ✓ Problemdarstellung und Ausgangssituation
- ✓ Änderungsverzeichnis mit Ansprechpartnern und Kontaktdaten
- ✓ Projektzielplan
- ✓ Projektauftragsformulierung
- ✓ Projektorganisation
- ✓ Projektkommunikationsplan
- ✓ Projekt - Terminplan
- ✓ Projektfortschrittsbericht
- ✓ Projektabschlussbericht

Aufgabe 265

Welche Formen der Projektorganisation sind Ihnen bekannt?
- ✓ Projektkoordination
- ✓ Reine Projektorganisation
- ✓ Matrix- Projektorganisation

Aufgabe 266
Erläutern Sie die reine Projektorganisation.
- ✓ Fester Bestandteil der Aufbauorganisation, aber organisatorisch selbstständig
- ✓ Team bearbeitet Projektinhalte losgelöst von der eigentlichen Aufgabe
- ✓ Anwendung bei umfassenden Umstrukturierungen

Aufgabe 267
Welche Projektphasen sind Ihnen bekannt?
- ✓ Problemerkennung
- ✓ Projektabschluss
- ✓ Projektdurchführung
- ✓ Projektplanung

Aufgabe 268
Wozu dienen Projektstrukturpläne?
- ✓ Sie zerlegen das Projekt in Haupt- und Unterziele und geben den Beteiligten eine zeitliche und übersichtliche Orientierung

Aufgabe 269
Welche Arten von Projektstrukturplänen gibt es?
- ✓ Objektorientierte Projektstrukturpläne
- ✓ Funktionsorientierte Projektstrukturpläne
- ✓ Gemischt orientierte Projektstrukturpläne

Aufgabe 270
Was ist ein sogenanntes Arbeitspaket?

✓   Arbeitspaket: eine nicht mehr weiter aufzuteilende Aufgabe
✓   Summe aller Arbeitspakete ergibt den gesamten Arbeitsaufwand eines Projektes

Aufgabe 271
Definieren Sie den Begriff Projektsteuerung und nennen Sie gleichzeitig 3 Aufgaben.
✓   Projektsteuerung: befasst sich mit Methoden zur Sicherung des Erreichens der festgesetzten Projektziele aus der Projektplanung
✓   Aufgaben: Entwicklung eines Frühwarnsystems zur Vermeidung größerer Planabweichungen, Entwicklung von angemessenen Kennzahlen zur Messung von Abweichungen, Unterstützung des Projektleiters

Aufgabe 272
Welche Bedeutung hat der Projektleiter bei der Projektsteuerung und welche Aufgaben hat dieser zu erfüllen?
✓   Projektleiter beeinflusst Erfolg des Projektes maßgeblich, trägt Gesamtverantwortung
✓   Aufgaben: Konzeptausarbeitung, Planung und Koordination der Teilpläne, Festlegung der Schnittstellen, Schaffung einer Kommunikationsbasis, Leitung der Projektsitzungen

Aufgabe 273
Wie kann die Projektsteuerung bei einem bevorstehenden Verzug reagieren?
✓   Versuch der zeitlichen Verkürzung der Arbeitspakete
✓   Zusätzlicher Einsatz von Personal
✓   Einführung von Überstunden oder die Abgabe von Arbeitspaketen an Fremddienstleister
✓   Unterstützung durch Experten
✓   Neue Festsetzung des Endtermines

Aufgabe 274
Wozu dient eine Projektdokumentation?

✓ Nachvollziehbarkeit des vollständigen Projektprozesses mit sämtlichen Zwischenschritten und Änderungen sowie den Ergebnissen und dem Mitteleinsatz

Aufgabe 275

Wo ist der Unterschied zwischen der Projektakte und der Projektdokumentation?

✓ Projektakte: beinhaltet den Verlauf des Projektes mit z.B. Projektstrukturplänen oder Statusberichten

✓ Projektdokumentation ist das Ergebnis des Projektes

Aufgabe 276

Nennen Sie mindestens 4 Inhalte des Projektabschlussberichtes.

✓ Thema des Projektes, Inhaltsverzeichnis des Abschlussberichtes

✓ Aufgabenstellung

✓ Abgleich zwischen Soll und Ist- Projektplan, Planabweichungen, Projektkosten

✓ Zeitplan, Tätigkeiten, Phasen

✓ Wirtschaftlichkeitsbetrachtungen

✓ Verlauf des Projektes, Beschreibungen zur Durchführung und auftretende Ereignisse

Aufgabe 277

Was ist Kommunikation?

✓ Beziehung zwischen einem Sender und einem Empfänger, die eine Nachrichtenübermittlung mithilfe eines Kanals beinhaltet und darauf gerichtet ist, eine bestimmte Reaktion zu erreichen

Aufgabe 278

Wie wird die nonverbale Kommunikation beschrieben?

✓ Durch Mimik, Gestik und Handlungen werden verschiedene Inhalte kommuniziert

✓ Kommunikation ohne Sprache, sondern mit Signalen, die die Umgebung aufnimmt

Aufgabe 279
Welche Kommunikationsmethoden sind Ihnen bekannt?
- ✓ Sender – Empfänger Modell
- ✓ Johari Fenster
- ✓ Eisberg- Modellbetrachtung
- ✓ Sachverhaltsinformations- Schema

Aufgabe 280
Welche Anforderungen werden an eine Präsentation gestellt?
- ✓ Nachvollziehbare gedankliche Struktur
- ✓ Verständlichkeit der Inhalte
- ✓ Rhetorische Leistung
- ✓ Techniken der Visualisierung

Aufgabe 281
Unter Zuhilfenahme welcher Kommunikationsmittel kann ein Vortrag gehalten werden?
- ✓ Tafeln (Kreidetafeln, Flip- Chart, Pinnwände, Magnettafeln)
- ✓ Folien
- ✓ Videos
- ✓ Personalcomputer

Aufgabe 282
Welche Regeln zum erfolgreichen Gelingen eines Vortrages sind zu beachten?
- ✓ Überlegungen zum wesentlichen Hauptziel der Präsentation treffen
- ✓ Planung des Inhaltes
- ✓ Reihenfolge bedenken
- ✓ Je nach Publikum Art und Ansprache planen (Bildungsniveau und Interessenlage beachten)
- ✓ Blickkontakt, frei sprechen, kurze Sätze formulieren

Aufgabe 283

Was ist mit Moderation gemeint?
✓ Lenkung und Aufsicht von Gruppen bei Präsentationen, um den Meinungsbildungsprozess eines Zuhörers anzuregen

Aufgabe 284
Welche Aufgabe hat der Moderator?
✓ Besteht darin, Interessen aller Teilnehmer ausgleichend darstellen zu können
✓ Steuerung der Meinungsäußerungen, Dokumentation der Ergebnisse

Aufgabe 285
Bei der Durchführung hat der Moderator die Wahl zwischen unterschiedlichen Abfragearten. Welche sind Ihnen bekannt?
✓ Zuruffragen, Kartenabfragen
✓ Gewichtungsfragen
✓ Tätigkeitslisten
✓ Thesenbildung

Aufgabe 286
Wozu dient das Konfliktmanagement in einem Unternehmen?
✓ Langfristige Erarbeitung von Chancen
✓ Förderung der Kreativität der Mitarbeiter
✓ Wettbewerbsvorteile schaffen, noch vor der Konkurrenz

Aufgabe 287
Was ist Mediation? Nennen Sie auch die beteiligten Personen.
✓ Schlichtungsprozess zweier Parteien mit gegenteiligen Positionen
✓ Meinungsvermittlung und schrittweise Einigung
✓ Personen: Medianten –Konfliktparteien und Mediator - Vermittler

Aufgabe 288

Unterscheiden Sie den offenen Fragestil im Interview von einem geschlossenen Fragestil.

✓ Offen: entstehender Freiraum, keine Steuerungsfunktion, Eingangsfrage meist in „WIE"- Form

✓ Geschlossen: kein Freiraum für spontane, reaktive Fragen, Interviewrahmen ist komplett vorgegeben

Aufgabe 289

Was sind Mitarbeitergespräche? Nennen Sie verschiedene Ausprägungen.

✓ Gespräche mit Mitarbeitern und Vorgesetzten, deren Inhalte über die alltäglichen Themen heraus gehen

✓ Qualifizierungsgespräch, Kontrollgespräch, Beurteilungsgespräch, Entwicklungsgespräch, Zielerreichungsgespräch

Aufgabe 290

Welche Vorteile haben Mitarbeitergespräche für das Unternehmen, die Mitarbeiter und den Vorgesetzten?

✓ Mitarbeiter: Feedback über seine geleistete Arbeit, über den Zufriedenheitsgrad der Aufgabenausführung, Entwicklungsmöglichkeiten, Zukunftsziele

✓ Vorgesetzten: Sichtweise des Mitarbeiters kennenzulernen, Schaffung neuer Ideen daraus, Rückinformation zur eigenen Führungsarbeit, Missverständnisse werden verhindert

✓ Unternehmen: Steigerung der Effektivität durch Mitarbeiterzufriedenheit, Erhöhung der Leistungsfähigkeit, Verbesserung der Arbeitsqualität

Aufgabe 291

Bringen Sie Mitarbeitergespräche in Verbindung mit der Personalentwicklung einer Unternehmung.

✓ Mitarbeitergespräche: bedeutender Bestandteil der erfolgreichen Personalentwicklung

✓ Aufdecken von Weiterentwicklungsmöglichkeiten des Angestellten, entsprechend seiner persönlichen Erfahrungen und Fähigkeiten

✓ Teil des Mitarbeitergespräches kann demnach die Zielsetzung von Entwicklungsangeboten sein

Aufgabe 292
Wovon kann die Kaufentscheidung abhängen?
✓ von Erwartungen im Bereich des Produktes, Erwartung über Behandlung des Kunden, schlechte Abschätzbarkeit der Erwartungshaltungen, erforderliche Menschenkenntnis

Aufgabe 293
Beschreiben Sie das AIDA Modell im Hinblick auf die erfolgreiche Führung von Verkaufsgesprächen.
✓ Aufmerksamkeit auf das Produkt lenken
✓ Interesse seitens des Kunden wecken
✓ Wunsch zur Befriedigung des Bedürfnisses
✓ Aktion, der Kauf